Anja Schneider und Simone Veenstra

Sabotage at the holiday camp

Sabotage im Feriencamp

Lernkrimi 1./2. Lernjahr

tosa

Umschlaggestaltung: Christian Thomas, Concept 8
Text: Anja Schneider und Simone Veenstra
Producing: Verlagsservice4kids, Ravensburg
Satz und Layout: HP Buchdesign, Schwabach
Druck: Delo tiskarna, Slovenia

www.tosa-verlag.com

Inhalt

Vorwort 4
Endlich Ferien! 5
  Übungsteil 1 14
Besuch bei Miss Nell 18
  Übungsteil 2 26
Kakerlaken-Alarm 30
  Übungsteil 3 38
Sabotage 42
  Übungsteil 4 50
Das geheimnisvolle Versteck 54
  Übungsteil 5 62
Üble Machenschaften 66
  Übungsteil 6 74
Feuer! 78
  Übungsteil 7 88
In der Falle 92
  Übungsteil 8 102
Lösungen 106
Grammatikübersicht 110
Vokabelverzeichnis 122

Vorwort

Wer sagt eigentlich, dass Englischlernen nicht spannend ist? Mit diesem packenden deutsch-englischen Krimi kannst du schnell und einfach deine Englischkenntnisse verbessern und vertiefen. Die Handlung ist auf Deutsch erzählt. Alle schwierigen Vokabeln in den englischen Dialogen sind unten auf der Seite übersetzt, sodass du keine Schwierigkeiten haben wirst, die Dialoge zu verstehen.

Nach jedem Kapitel kannst du verschiedene Grammatik- und Wortschatzübungen lösen. Alle Übungen beziehen sich auf sechs wichtige Themen des Englisch-Lehrplans für deine Klasse. Am Ende des Buches findest du eine Grammatiküberschicht und ein Vokabelverzeichnis.

Have fun!

Endlich Ferien!

"Ich kann das Meer sehen!" ruft Anne und späht aus dem Fenster des kleinen Busses, der sie vom Bahnhof abgeholt hat. "Schau doch!" Aufgeregt hüpft sie auf ihrem Sitz auf und ab.

"Ich sehe es ja." Annes Bruder Paul lässt seufzend das Fernglas sinken, das er schon die ganze Fahrt über vor seine Augen gehalten hat. Paul ist nämlich der größte Tierfan, den man sich vorstellen kann. Er kennt fast alle Vogelarten und selbst die widerspenstigsten Tiere werden bei ihm zahm. Und eben war er sich sicher, einen Seeadler gesehen zu haben! Der ist jetzt weg. Glücklicherweise hat er noch die ganzen nächsten Wochen Zeit, Vögel zu beobachten.

Der Bus biegt um eine Kurve und hält. Rosalie dreht sich auf dem Fahrersitz zu ihnen um. "Look," sagt sie mit strahlendem Gesicht, als wäre die Aussicht allein ihr Verdienst, "what a beautiful **view**." Rosalie ist die Leiterin des englischen Ferienlagers, in dem Anne und Paul auch dieses Jahr wieder ihren Urlaub verbringen. Und mehr noch, Rosalie ist die gute Seele des Camps, eine Holiday-Mum – rund wie ein Hüpfball und mit einem stets offenen Ohr für die Sorgen ihrer Gäste.

6 Anne und Paul nicken. Von hier oben hat man wirklich einen tollen Blick. Vor ihnen erstreckt sich ein hügeliges Waldgebiet, irgendwo darin ist das Feriencamp "The **Smugglers' Hideout**" mit seinen kleinen Holzhütten und Baumhäusern versteckt. Rechts davon liegt die Black **Bay**. Ganz vorn auf den Klippen, die über die Bucht ragen, steht ein kunterbuntes Häuschen.

view: Ausblick
smugglers' hideout: Versteck der Schmuggler
bay: Bucht

Rosalie deutet darauf. "Over there on your right, that's Miss Nell's house. **She's looking forward to seeing you** two again." Auch Miss Nell haben Paul und Anne letztes Jahr kennen gelernt. Das Häuschen, das von allen "The **Pirates' Lair**" genannt wird, ist der ganze Stolz der alten Dame, denn sie hat es fast im Alleingang renoviert. Aber Miss Nell ist nicht nur eine tolle Handwerkerin, sondern, was viel spannender ist, eine echte Pilotin! Sie besitzt ein altes Löschflugzeug, an dem sie ständig herumschraubt. Anne ist einmal mit ihr geflogen, worauf sie immer noch ganz stolz ist. Paul nämlich – der gerne betont, dass er der Ältere ist – hat sich nicht getraut, auch wenn er das niemals zugeben würde.

"Oh ja, lass uns gleich morgen Miss Nell besuchen!" Anne klatscht vor lauter Überschwang in die Hände und testet wage-

she is looking forward to seeing you: sie freut sich darauf, euch zu sehen
pirates' lair: Piratennest

mutig ihr Englisch. "I'm so glad to be here again!"

Paul nickt heftig. "We had such a great time last year!"

Rosalie lächelt gerührt über die Begeisterung der Geschwister. Auch sie freut sich, die beiden wiederzusehen. "So am I. But," fügt sie geheimnisvoll hinzu, "I **believe** there are more good friends of yours waiting for you." Dann fährt sie weiter.

"Wen meint sie?" flüstert Anne.

"Vielleicht Big Eric und John?" überlegt Paul. Mit dem lustigen Koch, der gar nicht so dick ist wie sein "**nickname**" vermuten lässt und John, dem Betreuer, haben sich die Geschwister schon vorigen Sommer ausgezeichnet verstanden.

Zwei Kurven später taucht der Bus in den Wald ein. Anne und Paul können gera-

to believe: glauben, vertrauen
nickname: Spitzname

de noch einen Blick auf den kleinen Strand erhaschen, der an das Ferienlager grenzt. Dort könnte man hervorragend baden. Nur leider dürfen die Kinder nicht auf das Gelände. "**No trespassing**" steht auf den Schildern, die in regelmäßigen Abständen an dem hohen Zaun hängen. Der Besitzer Mr. Shellfish, den Paul heimlich "Mr. **Selfish**" nennt, mag keine Kinder. Schon gar nicht auf seinem Grund und Boden. Letztes Jahr gab es richtig Ärger, als Paul aus Versehen sein Land betreten hatte. Dabei hatte er nur einen verletzten Hasen retten wollen. Zum Glück kam Ben – Rosalies Mann und Feuerwehrhauptmann des Dorfes – mit seinen vier Feuerwehrkollegen Paul zu Hilfe. Sie hatten in der Nähe eine Übung abgehalten und Mr. Shellfishs Geschrei gehört. Trotz aller Beschwichtigungsversuche hatte Mr. Shellfish Be-

no trespassing: Betreten verboten
selfish: egoistisch

schwerde beim Stadtrat eingelegt. "This camp and its **noisy** kids reduce the value of my **property**!" hatte er behauptet. Aber niemand hatte ihn so richtig ernst genommen.

Nun holpert der Bus über eine kleine Brücke und passiert das Tor. "Welcome to Smugglers' Hideout" steht auf dem Torbogen. Rosalie hält vor einem großen Blockhaus mit dem Namen "**Headquarters**", dort sind das Büro, der Speisesaal und die Küche untergebracht.

"Here we are," verkündet die Holiday-Mum und drückt auf die Hupe. Sofort öffnet sich die Tür des Hauptquartiers.

"Eric!" Anne hüpft aus dem Bus und fällt ihrem Freund um den Hals.

"Hello, who are you?" fragt der mollige Koch, während er sie im Kreis dreht. "I was

noisy: laut, lärmend
property: Besitz
headquarters: Hauptquartier

expecting little Anne from Germany, but you're all **grown-up** now!" Anne ist geschmeichelt. Tatsächlich ist sie ganze zehn Zentimeter gewachsen!

"Guess who has just arrived," ruft da John, der in der Tür des Headquarters steht.

Mit lautem "Hurray" stürmen Seth und June an ihm vorbei. Mit diesen beiden haben sich Paul und Anne letztes Jahr bestens verstanden. Die vier steckten ständig zusammen und haben gemeinsam ein Baumhaus gebaut.

"**Finally!**" ruft June. "I couldn't wait to see you two again!" Begeistert hüpfen die vier Freunde im Kreis und schreien durcheinander.

"Hey, Anne, I'm learning German now! **Listen** – mir ist freundlich zu sehen dir!" ruft June.

to expect: erwarten
grown-up: erwachsen
finally: endlich
to listen: zuhören

Anne bekommt vor lauter Lachen kein Wort heraus.

"It's so great to see you!" brüllt Seth. "We're going to have so much fun together!"

"Und ob," meint Paul. "Steht unser Baumhaus noch? Äh, sorry, I wanted to say 'our wooden house in the tree'?"

"Oh, you mean the **tree house** that we built last year. Let's go and have a look!"

"Hold on!" sagt da John. "Take your bags to your cabins first." Viel sagend klimpert er mit zwei Schlüsseln. "You'll be surprised: I've managed to get you **Rogues' Den** and **Birdcage**."

"Klasse!" ruft Anne freudig. Die beiden Holzhütten liegen nämlich nebeneinander.

"Klasse?" fragt June. "Is that a German word?"

tree house: Baumhaus
rogues' den: Höhle der Schurken
birdcage: Vogelkäfig

Anne grinst. "Yes, kind of. Klasse means great."

"Klasse," murmelt June vor sich hin.

John schmunzelt. "There will be a **campfire** and a barbecue to welcome you tonight at seven. Which means," sagt er und wirft einen Blick auf seine Uhr, "that you have three hours to **chat**." Damit verabschiedet er sich und zieht Eric hinter sich her in Richtung Küche. "Come on **lazybones**, we have to prepare that barbecue."

Auch die Freunde machen sich auf. Da fällt Paul ein, dass er sein Fernglas im Bus vergessen hat – schnell läuft er zum Auto. Dabei schnappt er Johns Worte auf, "We have to make sure it's good – this could be the last big Smugglers' Hideout welcome barbecue ever." Paul traut seinen Ohren nicht. Was soll das denn heißen?

campfire: Lagerfeuer
to chat: plaudern
lazybones: Faulpelz

Übung 1

Im letzten Kapitel hast du einige neue Wörter gelernt. Fünf von ihnen findest du in dem Buchstabengitter unten. Die Wörter können auch von unten nach oben oder von rechts nach links geschrieben sein. Kreise die Wörter ein und schreibe sie dann noch einmal auf die freien Linien.

C	B	K	T	G	D	E	S	O
W	E	T	A	R	I	P	E	L
D	X	U	H	E	U	B	L	M
R	P	N	C	L	W	V	F	G
A	E	L	D	G	S	Z	I	R
J	C	M	E	G	A	N	S	J
L	T	G	S	U	O	M	H	P
P	J	T	L	M	G	O	E	F
R	N	E	T	S	I	L	I	S

1. Pirat
2. Sel fish
3. Expect
4. Listen
5. chat

Übung 2

Die Sätze sind unvollständig. Die fehlenden Wörter stehen in falscher Reihenfolge oben. Trage jedes Wort an der richtigen Stelle ein!

tree house / tonight / looking / noisy / great / look / guess / more / last

1. ______________, what a beautiful view!
2. Miss Nell is ______________ forward to seeing you.
3. There are ______________ good friends waiting for Paul and Anne.
4. The ______________ kids reduce the value of Mr. Shellfish's property.
5. ______________ who has just arrived!
6. It´s so ______________ to see you!
7. Last year, the friends built a ______________.
8. There will be a campfire to welcome you ______________.
9. This could be our ______________ barbecue ever!

Übung 3

Kannst du in den Sätzen unten die Verben in die einfache Form der Gegenwart bringen? Trage die jeweilige Verbform dann in die Lücke ein.
Vorsicht*: In einem Satz muss die Verlaufsform der Gegenwart stehen. Weißt du, in welchem und warum? Kreise in allen Sätzen die Schlüsselwörter ein, an denen du erkennst, welche Form du wählen musst!*

1. Paul ________________ birds often. (to watch)

2. Anne and Paul ________________ to Rosalie´s camp every year. (to go)

3. John ________________ dinner at the camp every night. (to cook)

4. He ________________________ a barbecue right now. (to prepare)

5. We always ____________________ Miss Nell when we come here. (to visit)

6. Mr. Shellfish never ____________________ the children play on his grounds. (to let)

Übung 4

Die Kinder sind ganz begeistert, dass sie wieder in den Ferien sind. Acht der Adjektive bezeichnen etwas Schönes. Trage diese Adjektive unten ein und steigere sie wie in dem Beispiel.

great / lazy / friendly / bad / funny / good /

beautiful / noisy / happy / violent / sunny /

wonderful / ugly

big - bigger - biggest

1. great greater - greatest
2. lazy - more lazy - most lazy
3. frendly - frenlyer - frendlyest
4. bad - worse - worst
5. funny - founyer - funnyest
6. goot - better - the sest
7. ugly - uglyer - uglyest
8. happy - happier - happist

Besuch bei Miss Nell

Wenig später sitzen die vier Freunde auf den Betten von Rogues' Den und schauen sich fragend an. Paul hat ihnen berichtet, was er aufgeschnappt hat. Seth fällt schließlich eine mögliche Erklärung ein. "Perhaps because it hasn't rained for a long time, Eric and John don't want **to light** a fire. When it's very dry, the grass and trees **catch fire** easily." Seth kennt sich aus, schließlich will er einmal Feuerwehrmann werden.

"That can't be the reason, because then there wouldn't be a barbecue tonight **either**," erwidert June.

"Well, we won't **solve** this **mystery** now," meint Anne. "How about visiting our tree house?"

to light: entzünden, entfachen
to catch fire: in Brand geraten, Feuer fangen
either: auch nicht (bei Verneinung)
to solve: lösen
mystery: Geheimnis

Die vier ziehen los – June ist mit ihrer Werkzeugkiste bewaffnet, Seth mit einem Seil. Schon letztes Jahr hat sich Seth aus dem Baumhaus immer abgeseilt, statt die Leiter zu benutzen. Das sei fast wie bei den Feuerwehrprofis, hatte er behauptet. Die ließen sich nämlich stets an einer Stange herunter. Anne glaubt zwar, dass das nur in Filmen so ist, aber sie will Seth die Freude nicht nehmen.

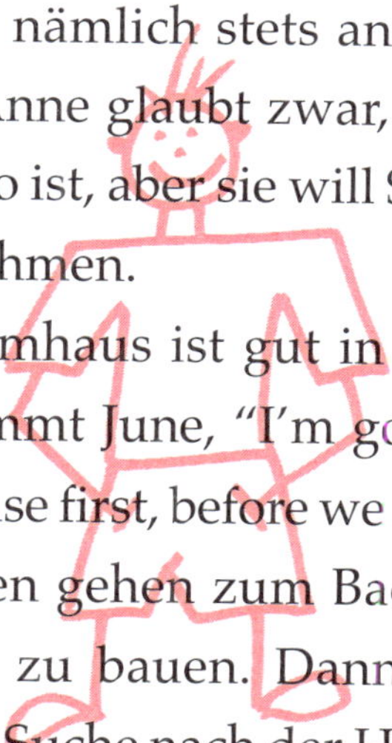

Das Baumhaus ist gut in Schuss, dennoch bestimmt June, "I'm going **to check** the tree house first, before we all go in." Die drei anderen gehen zum Bach, um einen Staudamm zu bauen. Dann machen sie sich auf die Suche nach der Höhle mit dem Schmugglerschatz, nach der sie letzten Sommer vergebens Ausschau gehalten haben.

Mit einem Mordshunger kehren sie schließlich zum Camp zurück. Zum Glück

to check: nachprüfen, überprüfen

wartet schon das Barbecue. "Wow! Steaks, sausages, potatoes, grilled vegetables and **corn on the cob**!" ruft Seth begeistert. Alle greifen ordentlich zu. Johns seltsame Bemerkung haben alle vier längst vergessen.

Am nächsten Morgen machen sie sich auf den Weg zu Miss Nell. Hoffentlich ist sie da, denn es ist nicht möglich, ihren Besuch anzukündigen, weil die alte Dame kein Telefon besitzt. "I don't need those modern **gadgets**," sagt sie immer.

Als die Freunde am Hauptquartier vorbeilaufen, hinter dem der Schleichweg zur Küste beginnt, hören sie plötzlich die Stimmen von Big Eric und John. Sehen können sie sie nicht, denn der Wäschereiwagen von Erics Vater steht im Weg. Eric seufzt und sagt, "I will really miss the kids! And my job, of course."

corn on the cob: Maiskolben
gadget: Ding (im Plural: Spielereien)

"I know, **mate**, I know!" antwortet John. Und eine dritte Stimme sagt, "Don't worry, I'm sure every hotel would **appreciate** your cooking **skills**."

Was soll das nun wieder heißen?

Während des ganzen Weges zu Miss Nell sind die vier Freunde in Gedanken versunken. Ob es eine Verbindung zu Johns Worten vom Vortag gibt? Anne ist es schließlich, die ausspricht, was alle denken. "We should ask Miss Nell. **She** always **knows what's going on**."

Doch als die vier bei Miss Nell ankommen, vergessen sie zunächst alles andere. "Hi, Miss Nell, we're back!" ruft Anne, die Schnellste von ihnen, schon von weitem. Von Miss Nell sind nur die Beine zu sehen, die in einem ölverschmierten Overall stecken. Der Rest von ihr ist im Inneren des kleinen Flugzeugs verschwunden.

mate: Kumpel
to appreciate: schätzen, würdigen
skill: Fähigkeit, Fertigkeit
she knows what's going on: sie weiß, was los ist

"Wow!" entfährt es June, die hinüberrennt und die Maschine bewundert. "Can I help you?"

Seth schüttelt den Kopf. "My sister!" sagt er grinsend und nicht ohne Stolz. "When this girl **spots** a **screwdriver** or a hammer she forgets her manners **instantly**!"

Mit strahlendem Gesicht taucht Miss Nell hinter dem Flugzeug auf und breitet ihre Arme aus. "There you are!" Sie umarmt alle vier gleichzeitig. "You've only just arrived and already you are visiting this crazy old woman, how sweet of you!"

"You're not crazy!" widerspricht Anne und bewundert die alte Fliegerkappe, die auf Miss Nell's Kopf sitzt. "You're cool!"

Paul nickt, während er von den Katzen des Hauses stürmisch begrüßt wird. Die kleinste klettert an ihm hoch und macht es

to spot: erspähen, erblicken
screwdriver: Schraubenzieher
instantly: augenblicklich

sich schnurrend in seiner Armbeuge bequem. Miss Nell blickt die Kinder der Reihe nach liebevoll an. "You haven't changed at all, have you?" sagt sie lächelnd. "Paul is still the famed **animal tamer**, June can't **resist tinkering with** anything mechanical, Anne is still training for the Olympic Games. And you, Seth, I'm sure you're planning to get into the **fire brigade,** aren't you?" Seth nickt. "You remind me of Eric," meint Miss Nell und sieht Seth an, als sie die Kinder auf die Veranda ihres Häuschens lotst. "**When he was your age**, he wanted to be a **firefighter**, too. He was always stealing the firefighters' uniforms from his dad's **laundry**." Noch während sie Tee aufbrüht, kichern die Freunde aus-

animal tamer: Tierbändiger
to resist: widerstehen, sich widersetzen
to tinker with sth.: an etwas herumflicken/basteln
fire brigade: Feuerwehr
when he was your age: als er so alt war wie du/ihr
firefighter: Feuerwehrmann
laundry: Wäscherei

gelassen. Die Vorstellung von Klein-Eric, der in geborgten Uniformen majestätisch die Dorfstraße entlangstolziert, ist wirklich lustig.

Als die fünf schließlich bei Tee und Gebäck sitzen, kommen sie jedoch wieder auf die Frage zurück, die ihnen auf den Nägeln brennt. "Miss Nell," fragt June zaghaft, "what's going on at Smugglers' Hideout?"

Miss Nell blickt auf. Schließlich seufzt sie. "You don't want to listen to one of my **famous** smuggler stories this time, am I right?" Die vier schütteln den Kopf.

"We **overheard** a conversation between Eric and John this morning," erklärt June. "Do you know what's going on?"

Die alte Dame nickt, stellt dann entschlossen ihre Tasse ab und erzählt. "I shouldn't tell you this, but there's a

famous: berühmt
to overhear: (zufällig) belauschen

wealthy investor who builds hotels with swimming pools and **health spas** and the likes." Ernst schaut sie die Kinder an. "**Unfortunately**, he wants to build one right here on the grounds of Smugglers' Hideout. This land is communal property. Some of the people want to have a hotel here. But others, like me, want to keep the camp for you children. Those are the facts. No deal has been made yet, but," Miss Nell macht eine Pause und zuckt unglücklich mit den Schultern, "there's a **community meeting** at the pub in one hour, where we are going to discuss the problem. I'll **keep you informed**, I **promise**!"

Die vier Freunde sind bestürzt. Ein Hotel statt ihres Camps? Das müssen sie auf jeden Fall verhindern. Nur wie?

wealthy investor: wohlhabender Investor
health spa: Heilbad
unfortunately: unglücklicherweise, leider
community meeting: Gemeindeversammlung
to keep sb. informed: jdn. auf dem Laufenden halten
to promise: versprechen

Übung 5

Kannst du die unten stehenden Entscheidungsfragen beantworten? Antworte in einem ganzen Satz und achte dabei auf die Wortstellung!

1. Is Miss Nell a crazy old woman?

   No, ____

   ____

2. Do you want to check the tree house?

   Yes, ____

   ____

3. Does Paul like animals?

   Yes, ____

   ____

4. Are the friends happy about the news?

   No, ____

   ____

5. Do the kids overhear a conversation between Eric and John?

   Yes, ____

   ____

Übung 6

Hier stehen einige Wörter, die du in diesem Kapitel neu gelernt hast. Kannst du die fehlenden Buchstaben ergänzen?

1. fa _ o _ s

2. sc _ _ _ dri _ er

3. my _ _ ery

4. _ kil _

5. la _ n _ ry

Übung 7

Kannst du aus den folgenden Buchstaben fünf Wörter bilden, die in diesem Kapitel vorkommen? Schreibe sie auf die freien Linien!

1. c-a-b-r-u-e-b-e ____________________
2. f-i-f-i-e-r-t-g-h-e-r ____________________
3. t-p-o-s ____________________
4. t-e-h-r-i-e ____________________
5. p-e-t-a-r-c-a-p-i-e ____________________

Übung 8

Unter den folgenden Zeitangaben gibt es fünf, die mit der Vergangenheit zu tun haben. Fülle die Lücken, indem du die richtige Zeitangabe sowie das Verb in der Simple-Past-Form einsetzt. Du findest auch einen Beispielsatz, an dem du dich orientieren kannst.

yesterday / today / next year / last year / now / a minute ago / last summer / this morning

Last week, Rosalie **went** to a concert. (to go)

1. ________________, they ________________ a barbecue. (to have)

2. ________________, Anne ________________ ten centimetres shorter than she is this year. (to be)

3. ________________, the friends ________________ Miss Nell in her garage. (to spot)

4. ________________________, Anne and Paul ________________________ the camp for the first time. (to visit)

5. ________________________ the kids ________________________ a conversation between Eric and John. (to overhear)

Übung 9

Trage folgende Adjektive bzw. Adverbien an den richtigen Stellen ein!

instantly / modern / famous / dry / back / easily / right / sure / grilled / wealthy

1. When it´s very ______________________ the grass catches fire ______________________.
2. Miss Nell doesn´t need those ______________ gadgets.
3. I´m ______________________ every hotel would appreciate your cooking skills.
4. Hi, Miss Nell, we´re ______________________!
5. Wow, sausages, potatoes and ______________ vegetables!
6. When this girl spots a screwdriver, she forgets her manners ______________________!
7. You don´t want to listen to one of my ______________________ smuggler stories, am I ______________________?
8. There´s a ______________________________ investor who builds hotels with swimming pools.

Kakerlaken-Alarm

Kaum hat sich Miss Nell auf ihr klappriges Fahrrad geschwungen, um zur Gemeindeversammlung zu fahren, schlägt June den Freunden vor, zu lauschen. "It's great that Miss Nell wants to tell us everything, but it would be even better to hear it for ourselves, don't you **agree**?"

Ja, sie sind alle einer Meinung! Wenn sie sich beeilen, sind sie am Strand entlang sogar schneller im Dorf als Miss Nell, die mit dem alten Drahtesel den Weg über die Straße nimmt.

Wenige Minuten später kauern sich die vier an die Wand des Pubs. Lautes Stimmengemurmel dringt durch das offene Fenster. Dann ist das Quietschen einer Tür zu hören. Anscheinend betritt gerade jemand das Pub. "Oh, how lovely," schnarrt eine arrogante Stimme, die die Kinder

to agree: zustimmen

sofort als die von Mr. Shellfish identifizieren. "Miss Nell has **decided** to **join** us after all. As everyone is present, I'd like to start by giving you the facts."

Was die Freunde dann zu hören bekommen, ist wirklich die Höhe. Seine Rede hat Mr. Shellfish bestimmt stundenlang vor dem Spiegel geübt. Wortreich erklärt er den Anwesenden, welche Vorteile ein Hotel gegenüber einem Camp für Kinder hätte. "This will be of a **benefit** for everyone," sagt er. "Mary Sweet can have a café instead of her **tiny** bakery and sell coffee and **scones** and hot chocolate for higher prices. Mr. Neat can **expand** his laundry – I **assure** you that the hotel will need a lot more clean towels, **napkins**, **sheets**, and

to decide: sich entschließen, entscheiden
to join sb.: sich jdm. anschließen
benefit: Nutzen, Vorteil
tiny: winzig
scone: (typ. brit.) Teegebäck
to expand: vergrößern
to assure sb.: jdm. etwas versichern
napkin: Serviette
sheet: Laken

tablecloths than you have ever cleaned before. And, last but not least, old Jimmy here. His pub will soon have many more guests who will love to buy his **irresistible** pies and **luncheons**. Everyone will profit. **Not to mention** new jobs – **waiters**, **chambermaids**, masseurs and managers will be needed."

Anne ist wütend, doch bevor sie lauthals etwas Unbedachtes sagen kann, legt Paul ihr die Hand auf den Mund. Das ist auch gut so, denn so können die vier hören, was Mr. Shellfish von dem Feriencamp hält. "That camp is not only an **eyesore**, it's also very **dangerous** for the poor little children who have to stay there." Seth verzieht angewidert die Mundwinkel – dass sich

tablecloth: Tischtuch
irresistible: unwiderstehlich
luncheon: Mittagessen, Geschäftsessen
not to mention: nicht zu vergessen
waiter: Kellner
chambermaid: Zimmermädchen
eyesore: Schandfleck
dangerous: gefährlich

Mr. Selfish um die Kinder sorgt, ist ja wohl ein Witz.

Das scheint auch Miss Nell zu finden, die jetzt das Wort ergreift. "Oh shush!" fährt sie Mr. Shellfish über den Mund. "Stop talking nonsense, Joe. We all know that you don't **care about** children! The only thing you care about is the **huge amount** of money you're going to get when you sell your land to the investor."

Seth nickt zustimmend. "Mr. Shellfish's land is next to the camp. If the camp is sold to the investor and a hotel is built there, the **value** of Mr. Shellfish's land will **increase**. Since it is a seafront property, any good investor would want to buy Mr. Shellfish's land **as well**!"

"We need a good idea!" flüstert Paul.

to care about sb.: hier: sich für jdn. interessieren
huge: riesig, groß
amount: Summe
value: Wert
to increase: (an)steigen, zunehmen
as well: ebenfalls

"We have to keep the investor away and stop the deal!"

Am nächsten Morgen ist die Stimmung der vier noch immer gedrückt. Es will ihnen einfach nicht einfallen, wie sie den Verkauf des Smuggler's Hideout verhindern können. Frustriert helfen Seth und Anne Eric beim Frühstücksdienst. Normalerweise machen sie das sehr gern, denn der rundliche Koch ist immer zu Scherzen aufgelegt. Außerdem ist er so gut organisiert, dass sie kaum etwas tun müssen.

Beim Braten der Spiegeleier setzt Eric ihnen eine Küchenhaube auf. "Just like the professionals," erklärt er ihnen, "not a single hair in my food! **Sunny-side up** or down?"

"Up," entscheidet Anne, als wäre das ein gutes Zeichen.

Gerade haben sich Seth und Anne zu

sunny-side up: hier: mit der Dotterseite nach oben (Spiegelei)

ihren Geschwistern gesetzt, um das echt englische Frühstück zu genießen, als ein paar der kleineren Mädchen zu kreischen beginnen und die Beine auf die Stühle ziehen. Eines springt sogar ängstlich auf den Tisch. Sofort ist Rosalie zur Stelle. "**What's up**, girls?" will sie von ihnen wissen, doch die Mädchen deuten nur entsetzt auf den Fußboden und kreischen weiter.

June ist schon auf dem Weg, sie will nachschauen, was da vor sich geht. "Come on, let's have a look!"

Und zu sehen gibt es tatsächlich etwas – aus der Küche strömt ein ganzer Schwarm Insekten. Sie sind bestimmt fünf Zentimeter lang und braun. "What on earth is that?" Rosalie klingt wütend. "Eric! Come here, we have ... it's a ... **cockroach alert**!"

Jetzt sind fast alle Kinder auf die Tische geklettert. Nur Paul kniet auf dem Boden,

What's up?: Was ist los?
cockroach: Kakerlake
alert: Alarm

um die Tiere genau in Augenschein zu nehmen. Fast sieht es so aus, als wollten sie ihm etwas sagen, denn ein paar von ihnen führen vor seinen Knien ein kleines Tänzchen auf. Paul nimmt eine der Schaben hoch. Sofort kreischt ein kleiner Junge, "Don't touch them!"

Doch Paul schüttelt nur den Kopf. "Don't be silly, they're **harmless**!"

Rosalie steht hoch aufgerichtet mitten im Raum. "Eric!" fährt sie den Koch mit Donnerstimme an. "**Explain** yourself. How on earth could this have happened?" Eric ist bleich und blickt mit großen Augen hilflos den flüchtenden Insekten hinterher. Doch Rosalie lässt nicht locker. "You're in big trouble, Mister!"

Während Eric wie versteinert dasteht, flüchten die Ferienkinder ins Freie. Alle bis auf June, Anne und Seth – und Paul natür-

harmless: harmlos
to explain: erklären

lich, der gerade einen der größeren Jungen davon abhält, auf dem Weg nach draußen so viele Kakerlaken wie möglich zu zertreten. "**Don't you dare**!" zischt Paul ganz weiß vor Wut und schiebt den Jungen Richtung Ausgang.

Dann macht er sich auf die Suche nach den restlichen Krabbeltieren. "Come on," beschwört er sie flehentlich und rutscht auf den Knien den Boden entlang. "Come here, I won't harm you."

Anne und Seth blicken nachdenklich von den Kakerlaken zu Eric und von Eric zu den Kakerlaken und sind sich einig: Hier geht definitiv etwas nicht mit rechten Dingen zu!

Don't you dare!: Wage es ja nicht!

Übung 10

***Much** oder **many**? Trage das richtige Wort an der richtigen Stelle ein.*

1. The pub will have ________________ guests.

2. The friends don´t have ________________ fun the next day.

3. ________________ masseurs, managers, and chambermaids will be needed.

4. Mr. Shellfish will get ________________ money from the investor.

5. There are so ________________ cockroaches on the floor!

6. ________________ people are present at the community meeting.

7. The children don´t have ________________ to do in the kitchen.

8. Anne doesn't like Mr. Shellfish very ________________ .

9. He says that the hotel will be of a benefit for ________________ people.

Übung 11

Verbinde jedes Verb durch eine Linie mit der passenden Wortbedeutung. Ergänze außerdem die einfache Vergangenheitsform!

1. to explain	hören	________
2. to dare	anfangen	________
3. to happen	entscheiden	________
4. to come	erwähnen	________
5. to sell	erklären	________
6. to decide	geschehen	________
7. to be	kommen	________
8. to hear	kaufen	________
9. to mention	sein	________
10. to buy	verkaufen	________
11. to start	wagen	________

Übung 12

Fülle das Kreuzworträtsel auf Englisch aus! Die deutschen Übersetzungen findest du unten. Die Buchstaben in den farbigen Feldern ergeben, in die richtige Reihenfolge gebracht, ein weiteres englisches Wort. Wie heißt es?

1. Kinder
2. harmlos
3. wagen (Verb, ohne „*to*")
4. rot
5. jede/r
6. beste/r/s
7. Arbeit, Beruf
8. Geld
9. eine/r der vier Freunde

	1↓							
						5↓		9↓
2→								
			4↓	6→				
3→								
				7→				
		8→						

Lösungswort: ☐☐☐☐☐

Übung 13

*In den Lücken fehlen jeweils die richtigen Verbformen von **to be**. Kannst du sie ergänzen?*

1. Yesterday, Anne ______________ angry with Mr. Shellfish.

2. The friends ______________ glad to see Miss Nell again.

3. The children ______________ guests at the camp last year, too.

4. The camp ______________ not ______________ sold yet.

5. Hopefully, the weather ______________ fine tomorrow.

6. Paul ______________ a famed animal tamer.

7. Mr. Shellfish ______________ a very nice man.

8. ______________ the hotel ______________ of a benefit for everyone?

Sabotage

Während Seth, June und Anne fasziniert beobachten, wie Paul Kakerlake um Kakerlake hinausträgt, lässt Rosalie ihren Ärger weiter an Eric aus. "**I don't get it**," faucht sie ihn an. "How could you let this happen? I like you, Eric, but this is too much! **Fetch** your personal **belongings**, you're **fired**! The last thing I need is a **filthy** kitchen with cockroaches in it! I've got enough on my mind without you **neglecting** the simplest of **duties**."

Eric schüttelt nur fassungslos den Kopf und murmelt immer wieder, "I just don't get it!"

Schließlich fasst sich Anne ein Herz. Sie zupft Rosalie vorsichtig am Ärmel. "Rosa-

I don't get it: ich begreife / verstehe das nicht
to fetch: holen
belongings (nur im Plural): Eigentum, Sachen
to fire: feuern, entlassen
filthy: dreckig
to neglect: vernachlässigen, nicht befolgen
duty: Pflicht, Aufgabe

lie? I am sorry **to interrupt** you, but something really strange is going on here. It can't be Eric's **fault**!" Rosalie ist immer noch erbost, aber Anne gibt nicht nach. "Please listen to me. We had kitchen duty this morning," erklärt sie ruhig, "and believe me, there never was a kitchen as **neat** and clean as this one! No cockroach would have felt at home here!" Und als Rosalie immer noch unschlüssig dasteht, schlägt sie vor, "Please, see for yourself!"

Tatsächlich stößt die Campchefin die Schwingtür auf und sieht sich um. Alles ist aufgeräumt. Der Herd strahlt vor Sauberkeit, selbst der Fußboden glänzt derart, dass man von ihm essen könnte. Irritiert sieht sie sich um und nickt schließlich langsam. "You're right," gibt sie zu und kneift Anne freundlich in die Wange. "Thank you, dear, I **overreacted**."

to interrupt: unterbrechen
fault: hier: Schuld
neat: ordentlich, sauber, gepflegt
to overreact: überreagieren

Dann dreht sie sich zu Eric um, der in sämtliche Ecken geschaut hat, aber auch nichts finden konnte. "I'm very sorry," entschuldigt sie sich bei ihm.

Alles Weitere hören die drei nicht mehr, denn June hat Anne und Seth bei der Hand gepackt und zieht sie hinter sich her nach draußen. "We have to talk!" bestimmt sie.

Vor den Headquarters bleibt June vor Paul stehen, der genau beobachtet, in welche Richtung die geretteten Insekten flüchten: weg vom Haus! "That's strange," meint Paul und sieht seine Freunde nachdenklich an. "Someone must have smuggled them in!"

Auf dem Weg zu ihrem Baumhaus, wo sie Kriegsrat halten wollen, erklärt Paul den drei anderen auch, wieso er sich dessen so sicher ist. "Cockroaches like warm, **damp** places. **They feed on bits of**

damp: feucht
they feed on bits of food: sie ernähren sich von Essensresten

food that are lying around. Our kitchen isn't a heaven for cockroaches, it's the opposite. And of all of the insects that **fled** into the **woods**, not one of them has come back to the kitchen. So that's not where they originally came from. Someone **did** it **on purpose**!"

Die Freunde sind sich sicher, dass jemand das Ungeziefer in der Küche absichtlich ausgesetzt hat, um das Camp in Misskredit zu bringen. Die Dorfgemeinschaft soll so wohl zu einem Verkauf bewogen werden. Doch wer tut so etwas?

Nun, egal wer der Übeltäter ist, für die vier steht fest: Sie werden ihm das Handwerk legen! Immerhin haben sie alle genug Detektivromane gelesen. Und zwar auf Englisch und auf Deutsch! Jetzt, da sie wissen, dass sie es mit einem echten Fall zu tun haben, werden sie alle acht Augen aufhal-

to flee: fliehen
woods: Wald
to do sth. on purpose: etwas mit Absicht tun

ten, so viel ist sicher. Gut gelaunt klettern sie hintereinander die Leiter zu ihrem Baumhaus hoch. "Warte nur, wir finden dich!" denkt Anne gerade, die als Vorletzte über die Brüstung klettert – da hört sie hinter sich ein Krachen und einen Hilfeschrei. Erschrocken dreht sie sich um.

Seth hängt hilflos baumelnd drei Meter über der Erde. Die Sprossen der Leiter sind unter seinem Gewicht zusammengebrochen. Er kann sich gerade noch am Rand der Plattform festklammern. Mit den Beinen strampelt er wild in der Luft! Ohne zu überlegen, wirft Anne sich bäuchlings auf die Holzdielen und umfasst seine Handgelenke. Paul beugt sich ebenfalls hinunter, packt Seth am Pullover und beginnt heftig daran zu zerren. Doch Seth bewegt sich keinen Zentimeter. "You're too **heavy**," schnaubt Paul. Er ist schon ganz rot vor Anstrengung.

heavy: schwer

Doch da hat June eine Idee. Seth hat doch ein Seil im Baumhaus deponiert. Hastig blickt sie sich um. Da liegt es! Geistesgegenwärtig bindet June das Seil um den Baum, sichert es mit einem Seemannsknoten und wirft es Seth zu. Vorsichtig greift der mit einer Hand danach und schlingt die Beine um das Seil. "Okay, Paul and Anne, **let go**!" ruft er. Er lässt sich ein Stückchen abwärts gleiten, bis das Seil ganz straff gespannt ist, und klettert dann Zentimeter um Zentimeter nach oben. Schließlich helfen ihm die drei auf die Plattform. Erleichtert lassen sich die Freunde auf den Boden fallen.

"**Well done**!" Anne sieht Seth beeindruckt an. Doch der winkt verlegen ab. "Just a **basic** firefighting exercise," murmelt er. Doch der Schreck sitzt ihm noch in den Gliedern. "I thought you had checked

Let go!: Lass / Lasst los!
Well done!: Gut gemacht!
basic: grundlegend

everything! You said it was safe!" fährt er June wütend an. Er ist richtig sauer.

"I did," verteidigt sich seine Schwester empört. Alles war perfekt, als sie ihr Baumhaus kontrolliert hat. Hatte sie nicht sogar extra die Leiter abgenommen, um jede einzelne Sprosse zu überprüfen?

Doch Seth ist nicht zu bremsen. "Oh you did, didn't you? So tell me, **Miss Fix-It-All**, how come this happened?"

June zuckt nur die Schultern. Bevor Seth weitersprechen kann, mischt sich Anne ein. Beruhigend legt sie eine Hand auf Seths Arm. "Please **calm down**," bittet sie ihn und deutet den Baum hinunter. Sie hat nämlich einen bösen Verdacht. "I **suspect** it was **sabotage**."

Entsetzt schauen die Kinder auf die zerstörte Leiter. Ist das wirklich möglich? Ungeziefer in der Küche auszusetzen, um

Mr./Mrs./Miss Fix-It-All (ugs.): Handwerker
to calm down: sich beruhigen
to suspect: vermuten
sabotage: Sabotage

dem Camp zu schaden, ist eine Sache, die oberen Sprossen einer Leiter anzusägen, etwas ganz anderes. Dabei können wirklich schlimme Unfälle passieren. Egal mit wem sie es hier zu tun haben, er meint es ernst!

Übung 14

Kannst du aus den Wörtern jeweils einen ganzen Satz basteln? Schreibe die Sätze vollständig auf die Linien. Bringe die Verben in die Verlaufsform der Vergangenheit!

1. The friends – to talk – about sabotage.

2. June – to check – the tree house for safety.

3. Lots of cockroaches – to come – from the kitchen.

4. Seth – to hang – from the tree.

Übung 15

Ergänze die Adjektive an der richtigen Stelle.

personal / safe / basic / strange / clean / simple / damp / filthy

1. That was just a ________________ firefighting exercise.

2. Cockroaches like warm, ________________ places.

3. The kitchen was not ________________ , it was very ________________ .

4. Fetch your ________________ belongings!

5. That´s ________________ ; someone must have smuggled them in.

6. June checked if the tree house was ________________.

7. You´re neglecting a ________________ duty!

Übung 16

Hier sind die Substantive durcheinandergeraten. Kannst du jedes Substantiv dem richtigen Satz zuordnen? Schreibe die Sätze nochmals auf.

1. There are woods coming from the kitchen.

____

____

____

2. The friends like to play in the animals.

____

____

____

3. Paul loves sabotage.

____

____

____

4. The children suspect it was cockroaches.

____

____

____

Übung 17

Im letzten Kapitel hast du einige neue Wörter gelernt. Fünf von ihnen findest du in dem Buchstabengitter unten. Die Wörter können auch von unten nach oben oder von rechts nach links geschrieben sein. Kreise die Wörter ein und schreibe sie dann noch einmal auf die freien Linien.

P	E	B	Q	I	M	U	T	R
I	J	W	O	T	Y	D	C	A
D	U	T	Y	A	L	T	E	F
Z	A	H	B	E	S	K	L	S
C	O	A	V	N	A	X	G	M
O	G	E	R	U	I	R	E	T
T	P	U	R	R	E	T	N	I
U	N	H	E	A	V	Y	L	E

1. ______________________________

2. ______________________________

3. ______________________________

4. ______________________________

5. ______________________________

Das geheimnisvolle Versteck

Bei dem Gedanken, was alles hätte passieren können, läuft es June, Seth und Anne eiskalt den Rücken hinunter. Nur Paul scheint die Ruhe selbst zu sein – er hat sein Fernglas vor den Augen. Anne stupst ihn in die Seite. "Mensch, Paul," flüstert sie, "das ist wirklich nicht die richtige Zeit, um Vögel zu beobachten!"

Doch Paul beugt sich fasziniert weiter vor und dreht an dem Rädchen zur Schärfeneinstellung. "I think I've **discovered** something interesting," erklärt er lebhaft.

Seth und June runzeln die Brauen. "He's not watching birds, is he?" fragt Seth ungläubig.

Da gibt Paul ihm das Fernglas. "I'm not. See for yourself." Er deutet an der dicken Eiche vorbei auf zwei Sträucher. "Look **carefully**. You see?"

to discover: entdecken
careful: sorgfältig, achtsam

Seth konzentriert sich, dann atmet er scharf ein. "But ... but that's ...," stottert er.

"**Exactly**!" Paul lehnt sich stolz zurück.

"What is it?" June entreißt ihrem Bruder das Fernglas und blickt hindurch. "Wow!" entfährt es ihr, dann gibt sie das Glas an Anne weiter. Auch sie entdeckt gleich, was die anderen meinen. Zwischen den beiden großen Sträuchern steht ein kleinerer dritter, genau vor einem Felshügel. Beim genaueren Hinsehen kann man erkennen, dass die Zweige scheinbar nach unten wachsen. Was sie in freier Natur nie tun würden, da sie sich in Richtung der Sonne entwickeln. Der Strauch in der Mitte ist nichts anderes als eine Holzplatte, an der Äste befestigt sind.

Seth ist ganz aufgeregt, vergessen ist sein Beinaheunfall. "Do you think this is it? The smugglers' **cave**?"

exactly: genau, exakt
cave: Höhle

Blitzschnell klettern die vier am Seil vom Baumhaus hinunter und stehen wenig später am Eingang der versteckten Höhle. Nun ist ihnen aber doch ein bisschen mulmig zumute. "I really hope there aren't any smugglers waiting for us in there," flüstert Anne.

Doch Seth grinst beruhigend. "No chance! There aren't any smugglers **nowadays**!" Paul schiebt die Holzplatte zur Seite und ist bereits verschwunden. Klar, dass die anderen drei da nicht nachstehen wollen und ihm folgen.

Drinnen ist es düster und feucht. Wasser tropft von der Decke und bildet Pfützen auf dem Boden. "Take my **torch**." Seth gibt Paul seinen Schlüsselanhänger, an dem eine Miniaturtaschenlampe befestigt ist. Im Gänsemarsch schleichen sie durch einen schmalen Gang, kurz darauf tut sich eine

nowadays: heutzutage
torch: Taschenlampe

Höhle von beachtlicher Größe vor ihnen auf. Der schmale Lichtstrahl wandert über rissige Wände und stößt unvermittelt auf etwas Spiegelndes.

Paul wagt sich näher heran. Eine Glasscheibe wird sichtbar, dann noch eine. Und dazwischen: braungraues Gewusel mit vielen Beinen. Ein Terrarium voller Kakerlaken steht mitten in der Höhle. "How **cruel**!" Pauls Stimme hallt dumpf von den Wänden wider. "Hold this." Er drückt Seth die Taschenlampe in die Hand und packt den Glaskasten.

Doch Seth hält ihn davon ab. Auch wenn er versteht, dass Paul die Tiere freilassen will, so denkt er doch schon einen Schritt weiter. "If you **set them free** now," erklärt er, "whoever put them there will know that we have discovered their **hiding place**."

Während Paul und Seth noch berat-

cruel: grausam
to set sb./sth. free: jdn./etwas freilassen
hiding place: Versteck

schlagen, was zu tun ist, schauen sich Anne und June schon einmal gründlich um. Eine Plane liegt in einer Ecke und als Anne sie hochhebt, entdeckt sie darunter viele weiße Kanister mit einem Emblem – ein Vogel in einem Kreis. June öffnet den Verschluss und fährt sofort zurück. Der Geruch ist stechend und erinnert sie an Miss Nell. Im Flugzeugschuppen ihrer alten Freundin riecht es ähnlich – vor allem, wenn sie gera-

de mal wieder den Motor auseinandergenommen hat und die gereinigten Einzelteile repariert.

Seth dreht sich zu den Mädchen um. "Let's leave everything **the way it is**," schlägt er vor. "And get Rosalie to look at it. If Paul sets the cockroaches free, we'll never find out what is going on here!" Er blickt seine Freunde eindringlich an. "This is **evidence**. And it **proves** that the incident

the way it is: wie es ist
evidence: Beweis(material)
to prove: beweisen

in the kitchen was sabotage!"

June und Anne nicken. Sie sind überzeugt. Nur Paul kämpft noch mit sich, aber schließlich stimmt auch er zu. "Okay – but only if we go and talk to Rosalie **right now**." Damit sind alle einverstanden.

Aufgeregt rennen sie zurück durch den Gang und schieben die Holzplatte wieder vor den Höhleneingang. "Let's **head back** to the camp!" ruft Anne. Paul wirft noch einen mitleidigen Blick zurück.

"The **sooner** we get there, the **sooner** you can let those poor cockroaches out," tröstet June ihn.

Und Seth ergänzt, "Perfect! Finally we have evidence of **foul play**!"

Und schon stürmen die vier durch den Wald zum Hauptquartier.

Doch im Camp herrscht helle Aufre-

right now: gleich
to head back: zurückgehen, zurückfahren
the sooner … the sooner: je früher … desto eher
foul play: falsches Spiel

gung. Vor dem Hauptquartier parkt eine ganze Wagenkolonne, auch ein Feuerwehrwagen ist darunter. Alle laufen und schreien durcheinander.

"What's happening?" will June wissen.

"Haven't you heard?" fragt ein Mädchen ungläubig. "It's Jack! His and his friends' tree house **collapsed** and **buried** poor Jack under it, that's what happened."

"I heard he got hurt **pretty badly**," behauptet ein Junge.

June, Paul, Seth und Anne sind kreidebleich. Da entdeckt Seth Ben, den Feuerwehrhauptmann, und läuft zu ihm. Sekunden später ist er zurück. "Okay, calm down everybody. The tree house collapsed, that's true, but Jack **was** very **lucky**. He only **sprained** his **ankle**."

to collapse: einstürzen
to bury: begraben, beerdigen
pretty badly: ziemlich schlimm
to be lucky: Glück haben
to sprain: verstauchen
ankle: (Fuß)knöchel

"Phew – that is good news," entfährt es June erleichtert.

"Good news?" Paul ist bereits einen Schritt weiter. Nachdenklich meint er, "We have to talk to Rosalie. Not only about these **suspicious accidents**, but also about the cave."

Anne nickt und macht Nägel mit Köpfen. "Rosalie," ruft sie und ist schon auf dem Weg zu Rosalies Büro. Behände läuft sie Slalom um die Schmutzwäschekörbe, die John und Mr. Neat, Erics Vater, in den Wäschereiwagen laden, und reißt schwungvoll die Tür auf. "Rosalie!"

Doch Rosalie hat alle Hände voll zu tun. "In a minute," sagt sie und winkt ab.

suspicious: verdächtig
accident: Unfall, Zufall

Übung 18

Kannst du die Lücken richtig ausfüllen?

some / anything / anybody / somebody / any / anything / any / somebody / some / anything

1. Look carefully. Can you see ________________?

2. No, I can´t see ________________, except for ________________ trees.

3. Don´t you see ________________ bushes?

4. Look, there´s ________________ in the woods!

5. Where? I can´t see ________________!

6. You´re right. I think I just saw ________________ birds and overreacted.

7. ________________ heard that a tree house collapsed.

8. ________________ good news?

9. Is there ________________ we can do?

Übung 19

Du findest hier neun Verben in der 3. Person Singular und zwei Infinitive. Trage die Verbformen an der richtigen Stelle ein und ergänze jeweils die fehlenden.

1. was 2. did 3. has seen
4. to fall 5. walked 6. brings
7. went 8. to cry 9. has taken

	Infinitiv	Simple Present	Simple Past	Present Perfect
1.	to be	is	was	has been
2.				
3.				
4.				
5.				
6.				
7.				
8.				
9.				

Übung 20

Hier sind einige Fragen zum vorigen Kapitel. Beantworte sie möglichst mit einem ganzen Satz!

1. Who spots the entrance to the smugglers' cave?

___

___

___

2. What do the friends find in the cave?

___

___

___

3. What does Seth give to Paul?

___

___

___

4. What happened to Jack, the boy who was buried under the tree house?

___

___

___

Übung 21

Buchstabensalat! Kannst du die Buchstaben sortieren?

1. l-c-r-u-f-e-a ____________________
2. o-l-u-f l-p-y-a ____________________
3. e-a-c-v ____________________
4. e-n-c-d-e-i-v-e ____________________
5. i-s-o-r-e-v-d-c ____________________

Übung 22

Verbinde jedes Verb durch eine Linie mit dem dazu passenden Körperteil.

1. to hear	mouth
2. to speak	head
3. to smell	ear
4. to think	finger
5. to touch	eyes
6. to see	nose

Üble Machenschaften

Rosalie hilft Dr. Golding, Jack zu verarzten. “I need another **bandage**,” sagt der Arzt gerade. Rosalie öffnet das Geheimfach ihres Schreibtisches und nimmt den Schlüssel für den großen Medizinschrank heraus. June war schon immer neugierig, was sich hinter den Milchglasscheiben verbirgt. Jetzt sieht sie es – Berge von braunen Flaschen, Tablettenschachteln und Verbandmaterial.

Paul versucht noch einmal, Rosalie von ihren Entdeckungen zu berichten. “We've found out ...”

In diesem Moment poltert Mr. Shellfish herein. “What is all this talk about an injured boy? I knew it – this camp is dangerous and has to be closed **immediately**.” Den Antrag auf Schließung will Mr. Shellfish heute Abend auf der Gemeindever-

bandage: Binde, Verband
immediately: sofort

sammlung stellen. "Nobody **observes** any **safety regulations** in this **run-down** place!"

"Nonsense," entfährt es June.

"**I beg your pardon**?" Mr. Shellfish ist pikiert.

"These accidents," kommt Seth seiner Schwester zu Hilfe, "have nothing to do with poor safety, they're acts of sabotage."

"And the saboteur just might be the one who would love nothing more than to see the camp closed." Paul blickt Mr. Shellfish herausfordernd an.

"This has gone far enough, you little ..."

Bevor Mr. Shellfish seinen Satz beenden kann, mischt sich Rosalie ein. "**Indeed** it has!" Energisch schiebt sie Mr. Shellfish zur Tür. "Do whatever you have to do, but do it outside. And while you're at it, talk to my

to observe: beobachten, hier: beachten
safety regulations: Sicherheitsvorschriften
run-down: heruntergekommen
I beg your pardon?: Wie bitte?
indeed: in der Tat, tatsächlich

husband. He and his firefighters are checking the camp safety right now!" Dann wendet sie sich an die Detektive. "We'll talk later."

Also folgen die vier Mr. Shellfish nach draußen. Der stürzt sich auf Ben, der gerade ein Absperrband aus dem Feuerwehrwagen holt. Auch John, Mr. Neat und Big Eric, den der Tumult aus seiner Küche lockt, werden Zeugen von Mr. Shellfishs Tirade.

Doch die vier Freunde lassen sich nicht so einfach einschüchtern und halten mit ihrer Version der Geschichte dagegen. Seth schildert, dass sie schon bei der plötzlich auftauchenden Kakerlakenplage misstrauisch geworden sind. Und wie er fast abgestürzt wäre, obwohl June ihr Baumhaus und die Leiter bis zum letzten Nagel kontrolliert hat. Und jetzt die Sache mit Jack!

husband: Ehemann, Gatte

"Two very **similar** accidents," gibt Seth zu bedenken. "This is more than just a **coincidence**!"

"There is no coincidence," ereifert sich Mr. Shellfish, "it's just not safe here. This whole 'sabotage' idea is **ridiculous**!"

Doch die vier haben noch ein Ass im Ärmel. Die Höhle – und was darin gelagert ist. Leider schlägt diese Information nicht so ein, wie sie geglaubt haben.

"Oh, come on," sagt Mr. Shellfish lachend, "enough of your **tall tales**. You **made** this story **up**, didn't you?"

"No, we didn't!" Anne blickt flehend in die Runde. "Please come with us, we'll show you."

"Oh no," ruft Big Eric und schnuppert, "do you smell that? My dinner is burning!" Schon stürzt er davon.

similar: ähnlich, gleich
coincidence: Zufall, Zusammentreffen
ridiculous: lächerlich
tall tale: Lügengeschichte, Legende
to make sth. up: sich etwas ausdenken

"I'm sorry children, I have to go and talk to Rosalie," entschuldigt sich auch Mr. Neat, Erics Vater.

"I'll see you later," vertröstet sie Ben. "There are a lot of things we have **to take care of** before it gets dark."

Selbst John hat keine Zeit. "Ben's right – it's getting dark. We won't be able to see anything if we go into the woods now. I promise we'll go there **first thing in the morning**. For now, there are much more important things to do."

Die Freunde sehen sich an. Was gibt es Wichtigeres, als die geheimnisvollen Geschehnisse aufzuklären? Erwachsene sind wirklich seltsam!

Über ihre Enttäuschung kann sie nicht einmal hinwegtrösten, dass es Spagetti Bolognese zum Dinner gibt, ihr absolutes Lieblingsessen.

Vom Nachbartisch ist plötzlich ein Wür-

to take care of: sich kümmern um
first thing in the morning: als Erstes morgen früh

gen zu hören. Ein Mädchen springt auf und stürzt nach draußen. Mehrere Kinder sind ganz grün um die Nase. Ein Junge übergibt sich auf den Fußboden.

"Ugh," entfährt es Paul, " what's wrong with the food?"

Alle vier schieben ihre Teller von sich.

June blickt sich nachdenklich um. "Only the ones who ate the spaghetti carbonara are **being sick**. The rest of us are quite **healthy**. Perhaps it's the eggs?"

Dass Spagetti Carbonara mit einer Ei-Sahne-Soße zubereitet werden, weiß June von Eric. Sie nimmt einen Teller vom Nachbartisch und riecht daran. "It smells fine."

"Strange, isn't it?" fragt Seth. "Let's go and have a look in the kitchen."

Auf dem Weg dorthin kommt ihnen Big Eric entgegen. Der arme Kerl ist ganz aufgelöst. "**Unbelievable**! First cockroaches

to be sick: sich übergeben
healthy: gesund
unbelievable: unglaublich

and now this! Rosalie is going to kill me." Er rauft sich die Haare, die ihm schon in alle Richtungen vom Kopf abstehen. "I'll have to tell her. She has to go and fetch Dr. Golding at once." Und weg ist er.

Die vier Freunde unterziehen die Küche einer gründlichen Inspektion. Jeden Winkel durchforsten sie und werden fündig. Triumphierend zieht June eine braune Glasflasche mit weißem Etikett aus dem

Mülleimer. "This looks like one of the bottles from Rosalie's **medicine cupboard**!"

Da ertönt ein ärgerlicher Schrei. "I've **locked** it! How can it be open?" Die vier rennen sofort in die Richtung, aus der der Schrei gekommen ist – und finden Rosalie und Big Eric in Rosalies Büro.

"Someone must have stolen my key and opened the cupboard." Rosalie schüttelt den Kopf. "But who ... and why ...?"

medicine cupboard: Medizinschrank
to lock: zusperren

"Perhaps this is the reason," sagt June und hält die Medizinflasche hoch, die sie gerade gefunden hat.

Mit einem Blick erkennt Rosalie, um was es sich handelt. "That's an **emetic**. If you swallow something **poisonous**, this is what you take to make yourself **throw up**." Bestürzt sieht sie die Kinder an.

"We're pretty sure someone put it into the carbonara sauce," erklärt Anne.

"And that's not the only suspicious thing," ergänzt Paul.

Und die Freunde zählen zum zweiten Mal an diesem Tag die Liste der verdächtigen Vorfälle auf. Rosalie wird ganz blass. "**I've had enough!** We'll **clear** this **up** at the community meeting. You four are coming with me!"

emetic: Brechmittel
poisonous: giftig
to throw up: sich übergeben
I've had enough!: Mir reicht es!
to clear up: in Ordnung bringen, (auf)klären

Übung 23

Fülle das Kreuzworträtsel aus. Die farbig markierten Buchstaben ergeben, in die richtige Reihenfolge gebracht, das Lösungswort.

1. Freund, Kumpel
2. Brechmittel
3. Grund
4. spät
5. wichtig
6. Morgen
7. Ei

	2↓			3↓					
								6↓	
1→						4↓			
5→									
					7→				

Lösungswort: ☐☐☐☐

Übung 24

Setze die Verben in die Lücken ein und zwar in der Verlaufsform der Gegenwart.
***Vorsicht**: In einem Satz musst du die einfache Form der Gegenwart wählen. In welchem und warum?*

1. The kids ______________________ spaghetti for dinner. (to have)
2. June ______________________ the cupboard in the kitchen. (to check)
3. Paul ______________________ Rosalie the whole story. (to tell)
4. Anne ______________________ her head. (to shake)
5. Eric ______________________ dinner every night. (to cook)
6. Rosalie ______________________ Dr. Golding. (to help)
7. The dinner ______________________ ! (to burn)
8. Someone ______________________ the camp. (to sabotage)

Übung 25

Kannst du die fehlenden Buchstaben ergänzen und die Bedeutung des jeweiligen Wortes aufschreiben?

1. c _ p _ oard: ____________________
2. s _ ck: ____________________
3. b _ ttl _: ____________________
4. h _ a _ thy: ____________________
5. m _ et _ ng: ____________________

Übung 26

Verbinde die Adjektive mit ihrer jeweiligen deutschen Bedeutung durch eine Linie.

1. injured	klein
2. dangerous	ähnlich
3. little	verletzt
4. ridiculous	verdächtig
5. similar	gefährlich
6. important	wichtig
7. suspicious	lächerlich

Übung 27

Beantworte die Fragen zu diesem Kapitel. Verwende dabei nur ganze Sätze!

1. What are Rosalie´s husband and his firefighters doing in the camp?

____

____

2. Does Mr. Shellfish believe in the idea of sabotage?

____

____

3. What happens to the children who ate spaghetti carbonara?

____

____

4. Do the friends find out what was in the food?

____

____

5. Does Rosalie take them to the community meeting?

____

____

Feuer!

Mit einem lauten Krachen fliegt die Tür zur Gemeindeversammlung auf. Schlagartig verstummen sämtliche Anwesende und starren Rosalie an, die wie ein Racheengel in der Tür steht, die Kinder hinter sich.

"This has gone too far!" donnert Rosalie. "It's bad enough that some of you only think of money and don't care about the children. But **to risk** their health **to satisfy** your own **greed** is **outrageous**! **If he hadn't been so lucky, Jack would be lying in hospital now**. Did any of you think of that? If I find **the person responsible**," sagt sie und blickt sich wütend um, "he or she'd better be able to run very fast!"

to risk: riskieren
to satisfy: befriedigen
greed: Habgier
outrageous: abscheulich, empörend
If he hadn't been so lucky, Jack would be lying in hospital now.: Wenn er nicht so viel Glück gehabt hätte, läge Jack jetzt im Krankenhaus.
the person responsible: die verantwortliche Person

Für einen kurzen Moment herrscht absolute Stille, dann beginnen alle gleichzeitig zu reden.

"Silence, please. Calm down, everyone! Let Rosalie speak." Wer hier so kühl zur Vernunft mahnt, ist niemand anderer als Miss Nell. Und tatsächlich kehrt langsam Ruhe ein. "All right, Rosalie, tell us all the details. But **one thing at a time**, please," fügt Miss Nell augenzwinkernd hinzu, als sie sieht, dass Rosalie wieder tief Luft holt.

Doch Rosalie entscheidet sich anders. "No," sagt sie, "I think **it's their turn**!" Sie deutet auf Anne, Seth, June und Paul. "They're the ones who **uncovered** the truth."

Zunächst stehen die vier Freunde ein wenig verzagt vor der großen Menschenmenge. Doch Rosalie macht ihnen Mut. "Don't be shy, my young detectives!" Also

one thing at a time: eins nach dem anderen
it's their turn: sie sind an der Reihe
to uncover: aufdecken

erzählen die vier ihre Geschichte – zum dritten Mal an diesem Tag.

Ihr Bericht spaltet die Gemeindeversammlung. Viele sind entsetzt über das, was sie da hören, andere dagegen glauben den Kindern nicht. Einige schließen sich sogar Mr. Shellfishs Meinung an. "I'm sure," faucht er, "you just **invented** this silly little story."

Diese Anschuldigungen lassen Rosalie wieder zur Höchstform auflaufen. Fast wäre sie Mr. Shellfish an die Gurgel gegangen, hätte Miss Nell nicht geistesgegenwärtig eingegriffen. Erneut glättet die alte Dame die Wogen. "No-one can be **found guilty** without any **proof**!" stellt sie klar und fügt etwas leiser hinzu, "And you haven't presented any proof!" Sie bedenkt Mr. Shellfish mit einem strengen Blick und schlägt dann vor, "I think we should let the

to invent: erfinden
to find sb. guilty: jdn. für schuldig befinden
proof: Beweis

children show us what they've discovered. Who's with me?"

Die meisten der Anwesenden nicken und nur wenig später laufen Anne, Paul, June und Seth an der Spitze des Zuges durch den Wald auf dem Weg zu der Höhle mit dem verdächtigen Inhalt. Fackeln erleuchten den Weg im Dunkeln. "If someone saw us now," flüstert Seth seinen Freunden zu, "they would suspect we were smugglers!" June, Paul und Anne nicken, aber so recht mag sich keiner auf das Spiel einlassen. Dazu sind sie zu nervös.

"There!" June zeigt nach vorne. "That's the **entrance**!" Und tatsächlich, ein paar Meter weiter ragt die mit Zweigen kaschierte Holzplatte in die Höhe. Doch als die vier Freunde Miss Nell, Rosalie, Mr. Shellfish und den Rest der Gruppe siegesgewiss in die Höhle führen, ist da – nichts. Die Höhle ist leer. Die vier Freunde können

entrance: Eingang

es nicht fassen. Alles, was sie noch finden können, ist eine tote Kakerlake und einen Fetzen Papier, auf dem ein halber Vogelkopf zu erkennen ist – mehr nicht.

"Look," beteuert Anne, "this **scrap of paper** is part of the logo we found on one of the containers. The container had a **nasty-smelling liquid** in it!"

Aber allen Beteuerungen zum Trotz: Außer Rosalie und Miss Nell will ihnen niemand mehr glauben. "Nothing here. I knew it," meint Mr. Shellfish und marschiert triumphierend davon. Ein Großteil der Erwachsenen folgt ihm. Nur Miss Nell bleibt noch und Rosalie natürlich. Die beiden versuchen, die Kinder aufzumuntern, doch die sind am Boden zerstört.

Da hilft auch das Lagerfeuer nicht, das John und Eric später entfachen. Und auch nicht, dass Ben ihnen eine neue Leiter

scrap of paper: Papierfetzen
nasty-smelling: scheußlich riechend
liquid: Flüssigkeit

gezimmert hat und Rosalie ihnen erlaubt, heute in ihrem Baumhaus zu übernachten. Traurig starren die vier in die Flammen.

"We should have taken everything with us when we could!" stöhnt Paul. Aber die zermürbende Grübelei hilft auch nicht weiter, sie haben die Spur verloren. Ohne Wenn und Aber.

Es ist schon spät, als John die Freunde schlafen schickt. Die vier wollen noch beim Löschen des schon weit heruntergebrannten Lagerfeuers helfen, doch das brauchen sie nicht, findet Eric. "Don't worry, John and I will **put** it **out** before we go to bed."

Trotz des betrüblichen Gedankens, dass dies der letzte Sommer in ihrem viel geliebten Feriencamp sein könnte, fallen den vier die Augen zu, kaum dass sie sich hingelegt haben. Es war ein aufregender Tag.

Unvermittelt wacht Paul auf. Zuerst weiß er gar nicht, wo er ist. Ach ja, im

to put out: ausmachen, löschen

Baumhaus! Es dämmert schon. Jetzt hört er auch die Vögel. Ihr Zwitschern klingt aufgeregt. Schnell nimmt er sein Fernglas, blickt hindurch – und erschrickt fast zu Tode. "Fire!" brüllt er. Schlagartig sind die anderen wach.

"Maybe the campfire **caused** it. Maybe they haven't put it out **properly** yesterday," kombiniert Seth. Wie ein schmales Band läuft eine Brandspur von der Lagerfeuerstelle aus in den Wald, Richtung Küste. In diesem Gebiet stehen noch ein paar Blockhütten!

"I'll wake up Rosalie and Ben! Ben's a firefighter, he'll know what to do," beschließt June und ist schon auf dem Weg nach unten.

Die anderen folgen. "I'll wake up John," ruft Paul. Und schon ist auch er weg.

Seth macht sich große Sorgen. "This fire

to cause: verursachen
properly: anständig, ordentlich

is **spreading** much too quickly. That's really dangerous! And the confusing thing is, it's coming down the hill – into the wind!"

Auch Anne gerät langsam in Panik. "**Hopefully** the fire brigade will arrive **in time**!"

"Yes, I hope so too!" antwortet Seth. Und ergänzt, ganz der Feuerwehrmann, der er einmal sein will, besorgt, "If they take too long, the water they bring might not be enough to fight the fire."

Da hat Anne eine zündende Idee. "If anyone can help us, it's Miss Nell!" Warum sind ihr Miss Nell und das Löschflugzeug nicht schon früher eingefallen?

Schon läuft Anne los. Über die Abkürzung durch den Wald sind es nur zwei Kilometer bis zum Haus der alten Dame. Für Anne ist das ein Klacks. Sie läuft wie der Blitz. Aber was ist das? Da schimmert

to spread: sich ausbreiten
hopefully: hoffentlich
in time: rechtzeitig

doch etwas durch das Laub der Bäume. Ist das nicht eine Feuerwehruniform?

Tatsächlich, ein Feuerwehrmann! „Die sind aber schnell," schießt es ihr erleichtert durch den Kopf. Komisch nur, dass die Feuerwehr nicht über die Straße gekommen ist. Doch Anne hat keine Zeit, sich zu wundern. Sie muss zu Miss Nell! Und sie schafft es in Rekordzeit. Zum Glück hat die alte Dame einen leichten Schlaf. Und da sie ihr Flugzeug gut im Griff hat, sitzt Anne nur wenige Minuten später neben Miss Nell im Cockpit.

Als sie durch die Bucht gleiten und sich der Löschtank mit Wasser füllt, denkt Anne kurz an Seth. Der wäre jetzt bestimmt gern an ihrer Stelle.

Doch Seth hat keine Zeit, auch nur einen Gedanken daran zu verschwenden. Er hat eine Löschkette organisiert – in ihren Schlafanzügen stehen die Kinder aufgereiht vom Bach bis zu den Hütten und reichen Wassereimer weiter. "Come on, hurry up," brüllt er immer wieder. Auch die Feuerwehr ist mittlerweile da. Aber Miss Nells Löschflugzeug wird dringend gebraucht, damit sich das Feuer nicht im Wald ausbreitet.

Seth blickt immer wieder nach oben in den Himmel. "Please," fleht er leise, "please hurry, **we could** really **do with** some more help!" Da ertönt das Brummen der Maschine. Endlich!

we could do with: wir könnten ... gebrauchen

Übung 28

Bilde aus allen Verben das Present Perfect und setze sie an der jeweils richtigen Stelle ein!

to take / to talk / to try / to start / to uncover / to put / to invent / to do

1. Rosalie ______________________________ to Mr. Shellfish about the children´s camp.

2. The children ______________________________ the truth, but nobody believes them.

3. Mr. Shellfish thinks the children _____________ _________________ the story.

4. Somebody ______________________________ the cockroaches from the cave!

5. The wind ______________________________ a fire in the woods.

6. Maybe they ______________________ not _________________ the campfire out properly.

7. The fire brigade ______________________________ what they can.

8. Anne ______________________________ to find Miss Nell as soon as possible.

Übung 29

Im letzten Kapitel hast du einige neue Wörter gelernt. Fünf von ihnen findest du in dem Buchstabengitter unten. Die Wörter können auch von unten nach oben oder von rechts nach links geschrieben sein. Kreise die Wörter ein und schreibe sie dann noch einmal auf die freien Linien.

F	O	O	R	P	F	D	R	I
G	T	E	S	N	H	A	T	U
L	R	G	Z	G	L	E	K	S
Y	L	R	E	P	O	R	P	E
M	K	E	G	W	U	P	S	C
D	N	E	V	A	R	S	R	H
E	C	D	L	S	A	E	P	B
F	J	O	W	Z	J	U	H	Y
W	E	N	T	R	A	N	C	E

1. ______________________________

2. ______________________________

3. ______________________________

4. ______________________________

5. ______________________________

Übung 30

Beantworte die Fragen und Anschuldigungen in einem ganzen Satz.

You have told the children silly stories!

No, I haven't told the children silly stories.

1. You´ve started a fire in the woods!

No, I ______________________________

____

2. Did Paul put animals into the kitchen?

No, Paul ______________________________

____

3. You´ve tried to implicate us!

No, we ______________________________

____

4. You ran away when the fire started!

No, we ______________________________

____

5. You have forgotten to call the fire brigade!

No, I ______________________________

____

Übung 31

Kennst du den Gegensatz zu jedem Adjektiv? Dann schreibe ihn auf die Linie!

1. good ____________________
2. sunny ____________________
3. hot ____________________
4. old ____________________
5. rich ____________________
6. black ____________________

Übung 32

Bringe die Buchstaben in die richtige Reihenfolge und schreibe die Wörter auf die Linien.

1. i-r-f-e g-b-i-r-d-e-a ____________________
2. q-d-u-i-l-i ____________________
3. o-r-p-f-o ____________________
4. l-h-s-o-p-t-a-i ____________________
5. r-t-u-h-t ____________________

In der Falle

Erleichtert winken die Kinder im Camp dem Flugzeug zu, das über ihren Köpfen eine Runde dreht. Miss Nell will sich ein Bild von der Lage machen.

"I can see Paul, June and Seth down there," ruft Anne, die aus dem Fenster des Cockpits späht. "They look like **dwarves**! And over there are five firefighters!"

"Yes, it looks like they have everything **under control** here! Up and away we go," sagt Miss Nell und dreht ab. "We have **to prevent** the fire from spreading further into the woods."

"Over there!" Anne deutet auf ein Waldstück nahe der Küste. Und tatsächlich – dort lodert Feuer auf.

"That's **odd**," meint Miss Nell und run-

dwarf (Plural: dwarves): Zwerg
under control: unter Kontrolle
to prevent: verhindern, verhüten
odd: seltsam

zelt die Stirn. "The fire shouldn't be spreading in this **direction**, but it is."

Anne blickt angestrengt nach unten. In der Nähe der Brandstelle hastet ein Feuerwehrmann über eine Lichtung und verschwindet im Unterholz. Was macht der allein hier?

Miss Nell öffnet den Löschtank. Sie muss noch mehrmals Wasser nachladen, aber schließlich ist das Feuer unter Kontrolle.

"**Mission accomplished**," sagt sie schließlich und setzt zum Landeanflug an.

Als Anne und Miss Nell später den Speisesaal des Camps betreten, in dem alle Helfer bei einem späten Frühstück versammelt sind, werden sie mit Applaus empfangen. Schnell setzt sich Anne zu ihren Freunden. "Please, it was nothing," wehrt sie ab, "you

direction: Richtung
mission accomplished: Mission erfüllt / ausgeführt

did much more than I did! I saw you from the plane. You and the firefighters, that is. **By the way**, who was that one I saw in the woods?" Anne blickt Seth an. Er als Spezialist hat bestimmt eine Erklärung.

"What are you talking about?" Seth ist verdutzt. "All five of them were here at the camp all the time."

Anne kommt ins Grübeln. "I saw those five when we flew over the camp, but there was a sixth firefighter in the woods, where the second fire started. I'm **certain**."

"Very suspicious," findet June.

"That's not the only suspicious thing," sagt Seth, "the fire was spreading in the direction the wind was coming from. Fire doesn't normally do that."

"It's **obvious** then, isn't it?" findet Paul und June ergänzt, "There was foul play **involved**." Die vier sehen sich an.

by the way: übrigens
certain: sicher
obvious: offensichtlich, klar, einleuchtend
to involve: beteiligen

"I'll show you where I saw the sixth firefighter, perhaps we can still find him!" ruft Anne und ist schon aufgesprungen.

Als die vier an der Lichtung ankommen, sehen sie sich aufmerksam um.

"Look here, the fire had a second source," stellt Seth fest. "You must have **caught** our criminal in **the very act**! And what's that?" Nur ein paar Meter weiter blitzt etwas durch das Unterholz.

June sieht nach. "A firefighter's uniform – he must have used it as a **disguise**."

Auch Paul hat etwas gefunden. Stolz schwenkt er einen der aus der Höhle verschwundenen Kanister in der Hand. "Here's more proof of **arson**. I think he saw the plane and had to run, because he wasn't very careful hiding his things!"

Inzwischen hat June die Uniformjacke

to catch sb. in the very act: jdn. auf frischer Tat ertappen
disguise: Verkleidung, Tarnung
arson: Brandstiftung

näher untersucht und einen zerrissenen Zettel entdeckt. "It's **fastened** with a **safety pin**, how odd," murmelt sie und hält das Ganze Anne hin.

"That's the **letter** N, this is an E and this one must have been an A," liest Anne.

Da springt Seth auf. "Okay, now there is only one thing left to do – we have **to identify** the criminal!"

Aus Rosalies Büro dringen laute Stimmen.

"Why on earth have you fired my son?"

"It was his **responsibility** to put out the campfire, but he **failed** to do it," antwortet Rosalie.

Ohne zu warten, reißen die Freunde die Tür auf. "We have something very important to tell you," ruft Seth.

to fasten: befestigen
safety pin: Sicherheitsnadel
letter: Buchstabe
to identify: wiedererkennen, identifizieren
responsibility: Verantwortung
to fail: versagen, keinen Erfolg haben

Rosalie, ihr Mann Ben, Miss Nell, John, Big Eric, der wie ein Häufchen Elend auf seinem Stuhl kauert, und sein Vater – alle blicken ihnen entgegen.

Wie aus dem Nichts taucht da Mr. Shellfish hinter den Kindern auf. "I have something very important to **report**. The investor has **withdrawn** his offer. He has bought a huge property down south."

Es wird ganz still im Zimmer, weswegen Annes nächste Worte einschlagen wie eine Bombe. "So, even the arson was **in vain**."

"Yes," bestätigt June, "it was arson, and the **culprit** is right here with us in this room!" Sie lässt ihren Blick über die Anwesenden schweifen. "Everything began with a cave full of cockroaches, a few containers of strange-smelling liquid, and the fact that nobody believed what we thought it

to report: berichten
to withdraw: zurückziehen
in vain: umsonst, vergeblich
culprit: Täter, Schuldiger

meant. At least not right from the start. But one of you did – because our suspect knew exactly what we were talking about, and had **to cover** his or her **trail**. More than that, the person in question had to have heard us talking about our discovery. So any one of you could be the criminal."

"At first we suspected Mr. Selfish – I'm sorry ... Mr. Shellfish," gesteht Paul, "but we soon **realized** that only someone who could walk around the camp without **attracting attention** would have been able to put the cockroaches into the kitchen, and the emetic into our food, or **tamper with** our tree houses."

Anstatt wütend zu sein, lauscht Mr. Shellfish so konzentriert wie alle anderen.

"And when the fire started, we knew it was sabotage because the fire spread in the

to cover: verbergen
trail: Spur, Fährte
to realize: erkennen, einsehen
to attract attention: Aufmerksamkeit erregen
to tamper with: sich an etwas zu schaffen machen

wrong direction. Moreover, from the plane Anne saw someone dressed as a firefighter, who lit a second fire. It's only because of Miss Nell that these two fires were kept separate, or else **all hell would have broken loose.**" Seth schüttelt es bei der bloßen Vorstellung.

"Then we found this in the woods," fährt June fort und zeigt die Feuerwehruniform und die Kanister vor.

"It's **petroleum ether**!" ruft Miss Nell. "I know this logo. I use this **brand** to clean the engine of my plane."

June nickt. "Right, the **scent** reminded me of you. And it's highly **flammable**, isn't it?"

Miss Nell nickt.

"Isn't it also used to clean clothes?" fragt Anne. Das Netz zieht sich immer enger

all hell would have broken loose: die Hölle wäre los gewesen
petroleum ether: Waschbenzin
brand: Marke
scent: Geruch, Duft
flammable: entflammbar, entzündlich

zusammen.

"Yes, it is," antwortet Rosalie, "I always use it ..." Plötzlich erstarrt sie und blickt Eric an. "Oh no, say it isn't true, Eric! Cockroaches, food that was tampered with – all this happened in your kitchen. And you can get a lot of petroleum ether from your dad's laundry!"

Eric sinkt auf seinem Stuhl immer mehr in sich zusammen. "I **swear** it wasn't me!"

Seth stellt sich neben ihn und legt ihm eine Hand auf die Schulter. "No, it wasn't you. I have to **confess**, finding the firefighter's uniform with the **slip of paper** from your dad's laundry attached to it was a bit of a shock to us. But even though you liked to '**borrow**' the uniforms when you were little, you are definitely too large for that one now."

Erleichtert blickt Eric auf. June hält die

to swear: schwören
to confess: gestehen
slip of paper: Zettel
to borrow: ausborgen, leihen

Jacke vor Eric. "That's for certain," sagt sie, "unlike your father!"

Alle starren Mr. Neat an, der den Kopf sinken lässt. "I'm sorry, son, the children are right. I had hoped so much with a hotel here we would be able to expand our **family business**."

"But I don't want to work in your laundry," ruft Eric. "I love to cook for the children, you know that."

Und so haben die Freunde das Rätsel doch noch gelöst. Das Camp bleibt erhalten, auch wenn viel zu tun ist. Nicht nur Miss Nell und die gesamte Feuerwehr helfen beim Wiederaufbau, nein, auch Mr. Shellfish!

Anne, June, Seth und Paul jedenfalls freuen sich schon jetzt auf die nächsten Sommerferien. Ob sie dann endlich den Schmugglerschatz finden werden?

family business: Familienbetrieb

Übung 33

Trage die Zeitangaben an den richtigen Stellen ein.

yesterday / tomorrow / next summer / today / never / right now / last year

1. The children have ________________ been in such danger before.

2. It has been a strange day ________________!

3. ________________, the holidays were much more peaceful.

4. ________________, the friends will meet again.

5. They did not solve the mystery ________________.

6. ________________, they are laughing at Mr. Shellfish.

7. Anne and Paul have to leave the camp ________________.

Übung 34

Verbinde jedes englische Verb durch eine Linie mit seiner deutschen Bedeutung! Zu welchem deutschen Verb fehlt die Entsprechung? Wie heißt das Verb auf Englisch?

1. to confess	benutzen
2. to tamper with	schwören
3. to swear	hören
4. to use	gestehen
5. to hear	ausborgen
6. ____________	sich an etwas zu schaffen machen

Übung 35

Welche Sätze sind korrekt, welche nicht? Kreuze die korrekten an und streiche die falschen durch!

1. Big Eric has put the cockroaches into the kitchen.

2. Miss Nell uses petroleum ether to clean the engine.

3. Fire usually spreads in the direction the wind is coming from.

4. Big Eric doesn´t like to cook for the children.

Übung 36

Fülle das Rätsel aus! Die farbigen Felder ergeben von oben nach unten gelesen das Lösungswort.

1. Ferienlager
2. offensichtlich
3. (Sicherheits-)Nadel
4. Ding, Sache
5. Zwerge
6. zeigen
7. Schau!

				1→					
2→									
		3→							
				4→					
	5→								
		6→							
				7→					

Lösungswort: ☐ ☐ ☐ ☐ ☐ ☐ ☐

Übung 37

Vergleiche jeweils die beiden Substantive in einer Zeile durch die passende Form des Adjektivs. Verwende dabei z.B. „bigger than" oder „as big as".

1. A dwarf is ______________________ a giant. (short)

2. An elephant is ______________________ a mouse. (grey)

3. A car is ______________________ a bike. (fast)

4. Milk is ______________________ a cloud. (white)

5. Anne and Seth are ______________________ Paul and June. (clever)

6. March is ______________________ July. (cold)

7. China is ______________________ England. (big)

Lösungen

Übung 2:
1. Look 2. looking 3. more 4. noisy 5. Guess 6. great 7. tree house 8. tonight 9. last

Übung 3:
1. watches (often) 2. go (every year) 3. cooks (every night) 4. is preparing (right now) 5. visit (always) 6. lets (never)
In Satz 4 steht die Verlaufsform der Gegenwart, denn John grillt nicht gewohnheitsmäßig, sondern in diesem Moment.

Übung 4:
1. great – greater – greatest (toll)
2. friendly – friendlier – friendliest (freundlich)
3. funny – funnier – funniest (witzig)
4. good – better – best (gut)
5. beautiful – more beautiful – most beautiful (schön)
6. happy – happier – happiest (glücklich)
7. sunny – sunnier – sunniest (sonnig)
8. wonderful – more wonderful – most wonderful (wundervoll)

Übung 5:
1. No, she´s not a crazy old woman.
2. Yes, I want to check the tree house.
3. Yes, he likes animals.
4. No, they´re not happy about the news.
5. Yes, they overhear a conversation between Eric and John.

Übung 6:
1. famous 2. screwdriver 3. mystery 4. skill 5. laundry

Übung 7:
1. barbecue 2. firefighter 3. spot 4. either 5. appreciate

Übung 8:
1. Yesterday ... had 2. Last year ... was 3. A minute ago ... spotted 4. Last summer ... visited 5. This morning ... overheard

Übung 9:
1. dry, easily 2. modern 3. sure 4. back 5. grilled 6. instantly 7. famous, right 8. wealthy

Übung 10:
1. many 2. much 3. Many 4. much 5. many 6. Many 7. much 8. much 9. many

Übung 11:
1. to explain – erklären – explained
2. to dare – wagen – dared
3. to happen – geschehen – happened
4. to come – kommen – came

5. to sell – verkaufen – sold
6. to decide – entscheiden – decided
7. to be – sein – was
8. to hear – hören – heard
9. to mention – erwähnen – mentioned
10. to buy – kaufen – bought
11. to start – anfangen – started

Übung 13:

1. was 2. are 3. were 4. has ... been 5. will be 6 is 7. is not
8. Will ... be

Übung 14:

1. The friends were talking about sabotage.
2. June was checking the tree house for safety.
3. Lots of cockroaches were coming from the kitchen.
4. Seth was hanging from the tree.

Übung 15:

1. basic 2. damp 3. filthy, clean 4. personal 5. strange
6. safe 7. simple

Übung 16:

1. There are cockroaches coming from the kitchen.
2. The friends like to play in the woods.
3. Paul loves animals.
4. The children suspect it was sabotage.

Übung 18:

1. anything 2. anything, some 3. any 4. somebody
5. anybody 6. some 7. Somebody 8. Any 9. anything

Übung 19:

1. to be – is – **was** – has been
2. to do – does – **did** – has done
3. to see – sees – saw – **has seen**
4. **to fall** – falls – fell – has fallen
5. to walk – walks – **walked** – has walked
6. to bring – **brings** – brought – has brought
7. to go – goes – **went** – has gone
8. **to cry** – cries – cried – has cried
9. to take – takes – took – **has taken**

Übung 20:

1. Paul spots the entrance to the smugglers´ cave.
2. The friends find lots of cockroaches in the cave.
3. Seth gives his torch to Paul.
4. Jack sprained his ankle.

Übung 21:

1. careful 2. foul play 3. cave 4. evidence 5. discover

Übung 22:

1. to hear – ear 2. to speak – mouth 3. to smell – nose

4. to think – head 5. to touch – finger 6. to see – eyes

Übung 24:

1. are having 2. is checking 3. is telling 4. is shaking
5. cooks 6. is helping 7. is burning 8. is sabotaging

In Satz 5 steht die einfache Form der Gegenwart, weil Eric jeden Abend das Essen kocht; die Handlung wiederholt sich also.

Übung 25:

1. cupboard: (Küchen-)Schrank 2. sick: krank
3. bottle: Flasche 4. healthy: gesund
5. meeting: Versammlung

Übung 26:

1. injured – verletzt 2. dangerous – gefährlich
3. little – klein 4. ridiculous – lächerlich
5. similar – ähnlich 6. important – wichtig
7. suspicious – verdächtig

Übung 27:

1. They are checking the camp safety.
2. No, he doesn´t believe in the idea of sabotage. He just thinks the camp is not safe.
3. The children who ate spaghetti carbonara are being sick.
4. Yes, they find out it was an emetic which makes you throw up.
5. Yes, Rosalie takes them to the community meeting.

Übung 28:

1. has talked 2. have uncovered 3. have invented
4. has taken 5. has started 6. have ... put 7. have done
8. has tried

Übung 30:

1. No, I haven´t started a fire in the woods.
2. No, Paul didn´t put animals into the kitchen.
3. No, we haven´t tried to implicate you.
4. No, we didn´t run away when the fire started.
5. No, I haven't forgotten to call the fire brigade.

Übung 31:

1. good – bad (gut – schlecht)
2. sunny – rainy (sonnig – regnerisch)
3. hot – cold (heiß – kalt)
4. old – young (alt – jung)
5. rich – poor (reich – arm)
6. black – white (schwarz – weiß)

Übung 32:

1. fire brigade 2. liquid 3. proof 4. hospital 5. truth

Übung 33:

1. never 2. today 3. Last year 4. Next summer 5. yesterday

6. Right now 7. tomorrow

Übung 34:

1. to confess – gestehen
2. to tamper with – sich an etwas zu schaffen machen
3. to swear – schwören
4. to use – benutzen
5. to hear – hören
6. to borrow – ausborgen

Übung 35:

1. falsch 2. korrekt 3. falsch 4. falsch

Übung 37:

1. shorter than 2. as grey as 3. faster than 4. as white as
5. as clever as 6. colder than 7. bigger than

Übung 1:

			T				S	
	E	T	A	R	I	P	E	
			H	E			L	
			C	L			F	
				G			I	
				G			S	
				U			H	
				M				
	N	E	T	S	I	L		

Übung 12: Lösung: hotel

	1↓							
	C					5↓		9↓
2→	H	A	R	M	L	E	S	S
	I					V		E
	L		4↓	6→	B	E	S	T
3→	D	A	R	E		R		H
	R		E			Y		
	E		D	7→	J	O	B	
	N					N		
		8→	M	O	N	E	Y	

Übung 17:

							T	
				T			C	
D	U	T	Y	A			E	
				E			L	
				N			G	
							E	
T	P	U	R	R	E	T	N	I
		H	E	A	V	Y		

Übung 23: Lösung: Eric

	2↓			3↓					
	E			R				6↓	
1→	M	I	N	E	R	4↓		M	
	E			A		L		O	
	T			S		A		R	
5→	I	M	P	O	R	T	A	N	T
	C			N		E		I	
								N	
					7→	E	G	G	

Übung 29:

F	O	O	R	P		D		
						A		
		G				E		
Y	L	R	E	P	O	R	P	
		E				P		
		E				S		
		D						
	E	N	T	R	A	N	C	E

Übung 36: Lösung: control

				1→	C	A	M	P	
2→	O	B	V	I	O	U	S		
		3→	P	I	N				
				4→	T	H	I	N	G
	5→	D	W	A	R	V	E	S	
		6→	S	H	O	W			
				7→	L	O	O	K	

Aussagesätze, Verneinung und Fragesätze

Aussagesätze

Bei einfachen Aussagesätzen gilt in der englischen Sprache die Reihenfolge **Subjekt – Verb – Objekt**. Enthält ein Satz eine Ortsangabe, so steht diese nach dem Objekt. Kommt dazu noch eine Zeitangabe, so steht diese nach der Ortsangabe.

Subjekt	Verb	Objekt	Ort	Zeit
Peter	*bought*	*a house*	*in Cologne*	*this year.*

Verneinung

Aussagesätze im *Simple Present* und im *Simple Past* werden mit dem Hilfsverb *don't/doesn't* bzw. *didn't* + Infinitiv verneint.

Sam ***doesn't (does not)*** *like dogs.*
Mary ***didn't (did not)*** *go to school today.*

Beachte: Ist der Aussagesatz mit einem Hilfsverb wie *be* oder *can* gebildet, so ergänzt man bei der Verneinung nur das Wort *not*.

We ***aren't (are not)*** *German.*
Jill ***couldn't (could not)*** *find the key.*

Bei zusammengesetzten Zeitformen wie dem *Present Progressive* oder dem *Present Perfect* wird das Wort *not* zwischen die entsprechende Form des Hilfsverbs und die des Vollverbs gesetzt.

You ***aren't (are not)*** *listening to what I say.*
They ***haven't (have not)*** *met their parents.*

Fragesätze

Fragesätze im *Simple Present* und im *Simple Past* werden mit dem Hilfsverb *to do* gebildet, das vorangestellt wird.

Do *you speak English?*
Didn't *Sue send you an e-mail?*

Beachte: Wird ein Fragesatz mit einem Hilfsverb wie *can* oder *must* gebildet, so steht dieses am Anfang.

Can *you see me?*
Must *Phil help his mother?*

Bei zusammengesetzten Zeitformen wie dem *Present Progressive* oder dem *Present Perfect* wird bei Fragen die entsprechende Form des Hilfsverbs vorangestellt.

Are *they listening to the teacher?*
Have *you met your parents?*

Bei Fragen mit Fragewörtern wie *who, what, where, when, why* und *how* steht das Fragewort noch vor der Form des Hilfsverbs.

When *did you read the book?*
Why *are you hungry?*
Where *have you seen the dog?*

Steigerung von Adjektiven

Einsilbige Adjektive

Einsilbige Adjektive werden mit *-er/-est* gesteigert:

high	*high**er***	*high**est***
dark	*dark**er***	*dark**est***

Ein stummes *-e* am Ende fällt bei der Steigerung weg:

nice	*nicer*	*nicest*
wide	*wider*	*widest*

Die Endkonsonanten *d, g, n* und *t* werden nach kurzem, betontem Vokal verdoppelt:

big	*bigger*	*biggest*
hot	*hotter*	*hottest*

Zwei- und mehrsilbige Adjektive

Zwei- und mehrsilbige Adjektive werden mit *more/most* gesteigert. Das verwendete Adjektiv bleibt immer gleich, *more/most* werden einfach davorgesetzt.

careful	***more** careful*	***most** careful*
suspicious	***more** suspicious*	***most** suspicious*

Ausnahme: Zweisilbige Adjektive auf *-y* werden mit *-er/-est* gesteigert. Das *-y* wird nach Konsonanten zu *-i*.

happy	*happier*	*happiest*
rainy	*rainier*	*rainiest*

Unregelmäßige Steigerungsformen

good	*better*	*best*
bad	*worse*	*worst*
much/many	*more*	*most*

Vergleiche

Bei Vergleichen brauchst du die erste Steigerungsform des Adjektivs (den Komparativ) + *than*.

> *The tree is* ***shorter than*** *the house.*
> *My sister is* ***taller than*** *me.*

Wenn zwei Dinge/Personen in Bezug auf eine Eigenschaft gleich sind, dann verwendet man: *as* + Adjektiv + *as*.

> *I´m* ***as tall as*** *my friend.*
> *The house is* ***as white as*** *snow.*

Mengenbezeichnungen

Much und *many*

Die Mengenbezeichnungen ***much*** und ***many*** werden verwendet, wenn man von einer nicht näher bestimmten Anzahl oder Menge spricht. Ihr Gebrauch richtet sich nach dem Substantiv. Sie stehen innerhalb eines Satzes immer vor dem Substantiv.

Bei zählbaren Substantiven, wie z.B. *cars, pencils, books,* benutzt man im Englischen das Wort ***many***, wenn man die genaue Anzahl nicht weiß oder sie nicht so wichtig ist. ***Many*** kann mit dem deutschen Wort „viele" übersetzt werden.

*She has read **many** books.*
*I have **many** friends.*

Bei Dingen, die nicht gezählt werden können, verwendet man für eine Mengenbezeichnung das Wort ***much***. Im Deutschen würde man ***much*** mit „viel" übersetzen.

*There isn't **much** time.*
*She doesn't know **much** English.*

Some und *any*

Die Wörter ***some*** und ***any*** werden zur Beschreibung einer unbestimmten Menge verwendet. Ihr Gebrauch richtet sich nach der Satzaussage. Auch hier gilt: Die Mengenbezeichnungen stehen immer vor dem Substantiv und nach dem Vollverb. Im Deutschen könnte man ***some*** und ***any*** mit „etwas, einige, ein paar" übersetzen.

Some wird in Sätzen mit positiver Aussage verwendet.

> *I want **some** cake, please.*
> *He has **some** homework.*

Any wird in verneinten Aussagesätzen und in Fragen verwendet.

> *He doesn't have **any** money.*
> *Do you have **any** plans?*

Someone/somebody und *anyone/anybody*

Die Pronomen ***someone / somebody*** und ***anyone / anybody*** werden zur Beschreibung einer Person verwendet. Im Deutschen könnte man die Pronomen mit „jemand / irgendjemand" übersetzen.

Someone / somebody wird bei positiven Aussagen verwendet. ***Anyone / anybody*** wird in verneinten Aussagesätzen und Fragen verwendet.

> *I think **someone** is at the door.*
> *Does **anyone** need to use the telephone?*

Simple Past

Verwendung

Das *Simple Past* nennt man auch die einfache Form der Vergangenheit. Diese Form wird dann verwendet, wenn man von etwas erzählt, das in der Vergangenheit liegt. Geschichten, die von der Vergangenheit handeln, stehen meist im *Simple Past*.
Wann man das *Simple Past* verwenden muss, erkennt man am einfachsten an den Zeitangaben, die die Aussage, die man treffen will, begleiten. Das *Simple Past* steht mit Begriffen wie ***yesterday, last week, last year, two days ago, a month ago*** etc. Das *Simple Past* liefert die Antwort auf die Frage: **Wann** ist etwas passiert?

Bildung

Das *Simple Past* von ***to be***

	Singular	**Plural**
1. Pers.	*I was*	*we were*
2. Pers.	*you were*	*you were*
3. Pers.	*he/she/it was*	*they were*

Verneinung

	Singular	**Plural**
1. Pers.	*I wasn't*	*we weren't*
2. Pers.	*you weren't*	*you weren't*
3. Pers.	*he/she/it wasn't*	*they weren't*

Das *Simple Past* regelmäßiger Verben

Regelmäßige Verben erhalten im *Simple Past* die Endung ***-ed***, die Form ist für alle Personen gleich. Für Fragen und Verneinungen benutzt man das Hilfsverb *did/didn´t*.

> *He **spotted** Anne in the woods.*
> *He **didn´t spot** Anne in the woods.*
> ***Did** he **spot** Anne in the woods?*

In folgenden Fällen ändert sich die Schreibweise:

- Verdopplung des Konsonanten nach einfachem, betontem Vokal, z.B. *to spot* → *spo**tted***
- einfaches *-d* bei Verbendung auf *-e*, z.B. *to love* → *love**d***
- *-y* nach Konsonanten wird zu *-i*, z.B. *to worr**y*** → *worr**ied***

Das *Simple Past* unregelmäßiger Verben

Bei den unregelmäßigen Verben sehen die Formen für das *Simple Past* oft erheblich anders aus; diese musst du auswendig lernen. Auch für diese Formen gilt: Verneinung und Frage werden mit *did/didn't* gebildet:

> *We **brought** a cake to the party yesterday.*
> ***Did** you **bring** a cake to the party yesterday?*
> *No, we **didn´t bring** / Yes, they **brought** a cake.*

Present Perfect

Verwendung

Das *Present Perfect* ist wie das *Simple Past* eine Zeitform, mit der man Vergangenes beschreibt. Im Vergleich zum *Simple Past* lässt sich aber sagen, dass das *Present Perfect* eher betont, **dass** etwas geschehen ist; **wann** das war, spielt eine untergeordnete Rolle. Das *Present Perfect* liefert also die Antwort auf die Frage, **ob** etwas (irgendwann) geschehen ist. Das *Present Perfect* steht entsprechend in der Regel mit unbestimmten Zeitangaben wie ***ever***, ***before***, ***never***, ***already***, ***just***, ***always***, ***yet*** etc.

Bildung

Regelmäßige Verben

Das *Present Perfect* wird gebildet aus dem Hilfsverb ***to have*** und dem ***Past Participle*** des entsprechenden Verbs. Das *Past Participle* ist bei den regelmäßigen Verben identisch mit der *Simple-Past*-Form.

	Singular	**Plural**
1. Pers.	*I **have** stopped*	*we **have** stopped*
2. Pers.	*you **have** phoned*	*you **have** phoned*
3. Pers.	*he/she/it **has** talked*	*they **have** talked*

Unregelmäßige Verben

Bei den unregelmäßigen Verben ist das ***Past Participle*** nicht mit der ***Simple-Past*-Form** identisch. Daher musst du für die unregelmäßigen Verben folgende Formen auswendig lernen: *Infinitive – Simple Past – Past Participle.*

In der Tabelle findest du einige wichtige unregelmäßige Verben.

Infinitive	***Simple Past***	***Past Participle***	
to be	*was*	*been*	sein
to do	*did*	*done*	tun
to go	*went*	*gone*	gehen
to have	*had*	*had*	haben
to take	*took*	*taken*	nehmen
to write	*wrote*	*written*	schreiben
to put	*put*	*put*	setzen
to say	*said*	*said*	sagen
to see	*saw*	*seen*	sehen
to hear	*heard*	*heard*	hören
to know	*knew*	*known*	wissen
to think	*thought*	*thought*	denken
to run	*ran*	*run*	laufen

Present Progressive und *Past Progressive*

Verwendung

Die Formen des *Progressive* (Verlaufsformen) werden verwendet, um auszudrücken, dass etwas eine Zeit lang stattfindet oder stattgefunden hat. Sie zeigen also an, dass eine Handlung noch nicht abgeschlossen ist, sondern andauert. Wörter wie ***now, while, as long as, at the/that moment*** zeigen eine solche Dauer der Handlung an. Im Deutschen gibt es keine entsprechende Verbform. Bei uns würde man z.B. „*I am packing my suitcase*" mit „Ich packe **gerade** (= im Moment) meinen Koffer " übersetzen.

Das *Present Progressive*

Das *Present Progressive* beschreibt eine fortdauernde Handlung, die jetzt gerade passiert. Um das *Present Progressive* zu bilden, brauchst du nur eine Präsensform von *to be* und die *-ing*-Form eines Verbes.

	Singular	**Plural**
1. Pers.	*I* ***am*** *play****ing***	*we* ***are*** *think****ing***
2. Pers.	*you* ***are*** *learn****ing***	*you* ***are*** *dream****ing***
3. Pers.	*he/she/it* ***is*** *stand****ing***	*they* ***are*** *work****ing***

Das *Past Progressive*

Das *Past Progressive* beschreibt eine Handlung, die in der Vergangenheit stattgefunden hat und sich über eine gewisse Dauer erstreckt hat. Um das *Past Progressive* zu bilden, brauchst du nur die *Simple-Past*-Form von *to be* und die *-ing*-Form eines Verbs.

	Singular	**Plural**
1. Pers.	*I **was** play**ing***	*we **were** think**ing***
2. Pers.	*you **were** learn**ing***	*you **were** dream**ing***
3. Pers.	*he/she/it **was** stand**ing***	*they **were** work**ing***

Besonderheiten bei der Schreibweise

Bei der Bildung der Verlaufsformen gibt es in der Schreibung ein paar Dinge zu beachten:

- Bei einem stummen *-e* am Ende des Verbs fällt das *-e* weg: *arrive* → *arriving*
- Bei einem betonten einzelnen Vokal wird der Endkonsonant verdoppelt: *stop* → *stopping*
- Die Endung *-ie* bei einem Verb wird zu *-y*: *lie* → *lying*

Vokabelverzeichnis

accident:	Unfall, Zufall
(to) agree:	zustimmen
alert:	Alarm
all hell would have broken loose:	die Hölle wäre los gewesen
amount:	Summe
animal tamer:	Tierbändiger
ankle:	(Fuß)knöchel
(to) appreciate:	schätzen, würdigen
arson:	Brandstiftung
(to) assure sb.:	jdm. etwas versichern
as well:	ebenfalls
(to) attract attention:	Aufmerksamkeit erregen
bandage:	Binde, Verband
basic:	grundlegend
bay:	Bucht
(to) believe:	glauben, vertrauen
belongings (nur im Plural):	Eigentum, Sachen
(to) be lucky:	Glück haben
benefit:	Nutzen, Vorteil
(to) be sick:	sich übergeben
birdcage:	Vogelkäfig
(to) borrow:	ausborgen, leihen
brand:	Marke
(to) bury:	begraben, beerdigen
by the way:	übrigens
(to) calm down:	sich beruhigen
campfire:	Lagerfeuer
(to) care about sb.:	hier: sich für jdn. interessieren
careful:	sorgfältig, achtsam
(to) catch fire:	in Brand geraten

(to) catch sb. in the very act:	jdn. auf frischer Tat ertappen
(to) cause:	verursachen
cave:	Höhle
certain:	sicher
chambermaid:	Zimmermädchen
(to) chat:	plaudern
(to) check:	nachprüfen, überprüfen
(to) clear up:	in Ordnung bringen, (auf)klären
cockroach:	Kakerlake
coincidence:	Zufall, Zusammentreffen
(to) collapse:	einstürzen
community meeting:	Gemeindeversammlung
(to) confess:	gestehen
corn on the cob:	Maiskolben
(to) cover:	verbergen
cruel:	grausam
culprit:	Täter, Schuldiger
damp:	feucht
dangerous:	gefährlich
(to) decide:	entscheiden
direction:	Richtung
(to) discover:	entdecken
disguise:	Verkleidung, Tarnung
don't you dare!:	wage es ja nicht!
(to) do sth. on purpose:	etwas mit Absicht tun
duty:	Pflicht, Aufgabe
dwarf (Plural: dwarves):	Zwerg
either:	auch nicht (bei Verneinung)
emetic:	Brechmittel
entrance:	Eingang
evidence:	Beweis(material)
exactly:	genau, exakt
(to) expand:	vergrößern

(to) expect: erwarten
(to) explain: erklären
eyesore: Schandfleck
(to) fail: versagen, keinen Erfolg haben
(to) fall: fallen
family business: Familienbetrieb
famous: berühmt
(to) fasten: befestigen
fault: Schuld, Fehler
(to) fetch: holen
filthy: dreckig
finally: endlich
(to) find sb. guilty: jdn. für schuldig befinden
(to) fire: feuern, entlassen
fire brigade: Feuerwehr
firefighter: Feuerwehrmann
first thing in the morning: als Erstes morgen früh
flammable: entflammbar, entzündlich
(to) flee: fliehen
foul play: falsches Spiel
gadget: Ding (im Plural: Spielereien)
greed: Habgier
grown-up: erwachsen
harmless: harmlos
(to) head back: zurückgehen, zurückfahren
headquarters: Hauptquartier
health spa: Heilbad
healthy: gesund
heavy: schwer
hiding place: Versteck
hopefully: hoffentlich
huge: riesig, groß
husband: Ehemann, Gatte
I beg your pardon?: wie bitte?

(to) identify:	wiedererkennen, identifizieren
I don't get it:	ich verstehe das nicht
immediately:	sofort
(to) increase:	(an)steigen, zunehmen
indeed:	in der Tat, tatsächlich
instantly:	augenblicklich
(to) interrupt:	unterbrechen
in time:	rechtzeitig
in vain:	umsonst, vergeblich
(to) involve:	beteiligen
irresistible:	unwiderstehlich
it's their turn:	sie sind an der Reihe
I've had enough!:	mir reicht es!
(to) join sb.:	sich jdm. anschließen
(to) keep sb. informed:	jdn. auf dem Laufenden halten
laundry:	Wäscherei
lazybones:	Faulpelz
let go!:	lass / lasst los!
letter:	Buchstabe
(to) light:	entzünden, entfachen
liquid:	Flüssigkeit
(to) listen:	zuhören
(to) lock:	abschließen, zusperrren
luncheon:	Mittagessen, Geschäftsessen
(to) make sth. up:	sich etwas ausdenken
mate:	Kumpel
medicine cupboard:	Medizinschrank
mission accomplished:	Mission erfüllt / ausgeführt
Mr./Mrs./Miss Fix-It-All (ugs.):	Handwerker
mystery:	Geheimnis
napkin:	Serviette
nasty-smelling:	scheußlich riechend

neat:	ordentlich, sauber, gepflegt
(to) neglect:	vernachlässigen, nicht befolgen
nickname:	Spitzname
noisy:	laut, lärmend
no trespassing:	Betreten verboten
not to mention:	nicht zu vergessen
nowadays:	heutzutage
(to) observe:	beobachten, hier: beachten
obvious:	offensichtlich, klar
odd:	seltsam
one thing at a time:	eins nach dem anderen
outrageous:	abscheulich, empörend
(to) overhear:	(zufällig) belauschen
(to) overreact:	überreagieren
petroleum ether:	Waschbenzin
pirates' lair:	Piratennest
poisonous:	giftig
pretty badly:	ziemlich schlimm
(to) prevent:	verhindern, verhüten
(to) promise:	versprechen
proof:	Beweis
properly:	anständig, ordentlich
property:	Besitz
(to) prove:	beweisen
(to) put out:	ausmachen, löschen
(to) realize:	erkennen, einsehen
(to) report:	berichten
(to) resist:	widerstehen, sich widersetzen
responsibility:	Verantwortung
ridiculous:	lächerlich
right now:	gleich
(to) risk:	riskieren
rogues' den:	Höhle der Schurken

run-down:	heruntergekommen
sabotage:	Sabotage
safety pin:	Sicherheitsnadel
safety regulations:	Sicherheitsvorschriften
(to) satisfy:	befriedigen
scent:	Geruch, Duft
scone:	(typ. brit.) Teegebäck
scrap of paper:	Papierfetzen
screwdriver:	Schraubenzieher
selfish:	egoistisch
(to) set sb./sth. free:	jdn. / etwas freilassen
sheet:	Laken
similar:	ähnlich, gleich
skill:	Fähigkeit, Fertigkeit
slip of paper:	Zettel
smugglers' hideout:	Versteck der Schmuggler
(to) solve:	lösen
(to) spot:	erspähen, erblicken
(to) sprain:	verstauchen
(to) spread:	sich ausbreiten
sunny-side up:	hier: mit der Dotterseite nach oben (Spiegelei)
(to) suspect:	vermuten
suspicious:	verdächtig
(to) swear:	schwören
tablecloth:	Tischtuch
(to) take care of:	sich kümmern um
tall tale:	Lügengeschichte, Legende
(to) tamper with:	sich an etwas zu schaffen machen
the person responsible:	die verantwortliche Person
the sooner … the sooner:	je früher … desto eher
the way it is:	wie es ist
they feed on bits of food:	sie ernähren sich von Essensresten

(to) throw up:	sich übergeben
(to) tinker with sth.:	an etwas herumflicken/ basteln
tiny:	winzig
torch:	Taschenlampe
trail:	Spur, Fährte
tree house:	Baumhaus
unbelievable:	unglaublich
(to) uncover:	aufdecken
under control:	unter Kontrolle
unfortunately:	unglücklicherweise, leider
value:	Wert
view:	Ausblick
waiter:	Kellner
wealthy investor:	wohlhabender Investor
we could do with:	wir könnten ... gebrauchen
well done!:	gut gemacht!
what's up?:	was ist los?
when he was your age:	als er so alt war wie du/ihr
(to) withdraw:	zurückziehen
woods:	Wald